A TEORIA DE TUDO SOCIAL
DEMOCRACIA LTDA

Editora Appris Ltda.
1.ª Edição - Copyright© 2024 do autor
Direitos de Edição Reservados à Editora Appris Ltda.

Nenhuma parte desta obra poderá ser utilizada indevidamente, sem estar de acordo com a Lei nº 9.610/98. Se incorreções forem encontradas, serão de exclusiva responsabilidade de seus organizadores. Foi realizado o Depósito Legal na Fundação Biblioteca Nacional, de acordo com as Leis nᵒˢ 10.994, de 14/12/2004, e 12.192, de 14/01/2010.

Catalogação na Fonte
Elaborado por: Josefina A. S. Guedes
Bibliotecária CRB 9/870

S478t 2024	Seo, Iago Y. A. A teoria de tudo social: democracia LTDA / Iago Y. A. Seo. – 1. ed. – Curitiba: Appris, 2024. 156 p. ; 23 cm. ISBN 978-65-250-5898-6 1. Democracia. 2. Liberdade. 3. Justiça social. I. Título. CDD – 323.042

Livro de acordo com a normalização técnica da ABNT

Appris *editora*

Editora e Livraria Appris Ltda.
Av. Manoel Ribas, 2265 – Mercês
Curitiba/PR – CEP: 80810-002
Tel. (41) 3156 - 4731
www.editoraappris.com.br

Printed in Brazil
Impresso no Brasil

Iago Y. A. Seo

A TEORIA DE TUDO SOCIAL
DEMOCRACIA LTDA

FICHA TÉCNICA

EDITORIAL	Augusto Coelho
	Sara C. de Andrade Coelho
COMITÊ EDITORIAL	Ana El Achkar (UNIVERSO/RJ)
	Andréa Barbosa Gouveia (UFPR)
	Conrado Moreira Mendes (PUC-MG)
	Eliete Correia dos Santos (UEPB)
	Fabiano Santos (UERJ/IESP)
	Francinete Fernandes de Sousa (UEPB)
	Francisco Carlos Duarte (PUCPR)
	Francisco de Assis (Fiam-Faam, SP, Brasil)
	Jacques de Lima Ferreira (UP)
	Juliana Reichert Assunção Tonelli (UEL)
	Maria Aparecida Barbosa (USP)
	Maria Helena Zamora (PUC-Rio)
	Maria Margarida de Andrade (Umack)
	Marilda Aparecida Behrens (PUCPR)
	Marli Caetano
	Roque Ismael da Costa Güllich (UFFS)
	Toni Reis (UFPR)
	Valdomiro de Oliveira (UFPR)
	Valério Brusamolin (IFPR)
SUPERVISOR DA PRODUÇÃO	Renata Cristina Lopes Miccelli
ASSESSORIA EDITORIAL	Daniela Nazario
REVISÃO	Stephanie Ferreira Lima
PRODUÇÃO EDITORIAL	Daniela Nazario
DIAGRAMAÇÃO	Bruno Ferreira Nascimento
CAPA	Carlos Pereira
REVISÃO DE PROVA	William Rodrigues

AGRADECIMENTOS ESPECIAIS

Primeiramente, aos meus pais, Nelson Yoshiaki Seo e Cleide A. Antunes de Jesus, que me guiaram nessa trajetória acadêmica e continuam empenhados em transmitir o melhor de seus mundos.

Aos meus professores e orientadores, Bruno "Rudã" e Osni Tadeu Dias, que me auxiliaram e me inspiraram a explorar e perscrutar com maturidade as ciências políticas.

Ao Johnny Hebbert, investidor que compartilhou as realidades econômicas do Brasil e do mundo, que veio a me inspirar em certos capítulos da obra.

Aos meus colegas e amigos com quem debati ao longo da produção desta obra, lendo e traduzindo juntamente a mim as perspectivas das próprias realidades implicadas, em especial, Ana Carolina Wichinieski da Costa, Pedro Teressan Alves, Maria Luiza Simões e Helen Maria Bezerra Cabral. Os vértices que construíram esta pirâmide teórica da *Democracia LTDA* só foram possíveis graças à multifacetação dos blocos que o constituem.

À Escola Estadual Manoel Ferraz, aos seus alunos e ao corpo docente, pela oportunidade de acompanhar os debates estudantis e auxiliar-me nas compreensões de pensamento dos alunos e como abordam temas cruciais para o desenvolvimento social.

> **66**
>
> a verdadeira sabedoria reside na aplicação inteligente do conhecimento.
> **Iago Seo**
>
> **99**

APRESENTAÇÃO

A filosofia, da clássica à moderna, tem suas raízes no questionamento e na troca de ideias. A Ágora antiga era o epicentro desse intercâmbio intelectual, onde os maiores pensadores da filosofia clássica se reuniam para discutir o conhecimento, examinar a realidade e avaliar as ações políticas e sociais de seus líderes. Essa tradição da busca incessante pelo entendimento se desvaneceu em nossa sociedade contemporânea, em parte devido à crescente tendência ao egocentrismo e ao isolamento das pessoas em seus mundos virtuais. Com o avanço da tecnologia e a proliferação da internet, as pessoas passaram a acreditar que possuem conhecimento generalizado sobre uma infinidade de assuntos. Participam das chamadas "Ágoras virtuais" das redes sociais, mas, ao invés de questionar e investigar, impõem seus pontos de vista de forma incisiva, sem uma base lógica sólida, propagando discursos demagógicos.

Um verdadeiro pensador, no entanto, é aquele que constantemente questiona a realidade. Questiona as normas e costumes, buscando incessantemente o progresso da humanidade. Afinal, quando nos consideramos no contexto cósmico, somos meras formigas em um planeta azul e esférico. O ser humano precisa encontrar seu lugar nesse vasto universo e isso só pode acontecer se ele abandonar seu isolamento egoísta e continuar a se questionar.

Além disso, observamos instabilidades políticas em muitos países ao redor do mundo. Escândalos de corrupção abalam democracias que se dizem baseadas no poder do povo. Isso nos leva a questionar a própria natureza da democracia. Se ela emana do povo, por que é tão imperfeita? Ao longo da história, diversos pensadores ofereceram respostas, desde a questão da propriedade privada até a suposta natureza má do ser humano. A democracia, como sistema imperfeito, às vezes, parece condenar a sociedade à ascensão do autoritarismo e à corrosão das instituições políticas. O Legislativo, frequentemente visto como o símbolo máximo da representação democrática, torna-se um foco de estagnação e corrupção. Mesmo sistemas de tripartição de poderes não garantem a imunidade contra o egoísmo moral.

Será que a democracia, o sistema político mais difundido, está ficando obsoleta?

A crítica que atribuo "democracias limitadas" é uma parte importante na obra. A despeito das promessas de dar voz ao povo e de garantir um governo pelo povo e para o povo, as democracias muitas vezes se mostram restritas em sua eficácia e alcance. Embora a Ágora possa dar a ilusão de participação e influência, a realidade é que muitas democracias modernas estão repletas de limitações que dificultam o verdadeiro exercício da democracia. Uma crítica fundamental reside no fato de que, em muitas democracias, o processo de eleição de representantes se tornou uma mera formalidade. Os candidatos são frequentemente escolhidos por partidos políticos, com financiamento e influência corporativa exercendo um papel significativo na seleção dos candidatos e no direcionamento de suas agendas. Isso resulta em um sistema no qual a escolha do eleitorado é, em muitos casos, limitada a opções pré-selecionadas por elites políticas e econômicas.

Além disso, as democracias frequentemente sofrem de problemas de desigualdade de representação. Grupos minoritários e comunidades marginalizadas muitas vezes não têm sua voz devidamente representada nas instituições democráticas. Isso pode ocorrer devido a práticas de *gerrymandering*[1], restrições ao voto ou outras formas de supressão de eleitores que prejudicam a participação plena de todos os cidadãos.

Outra crítica diz respeito à influência do poder econômico no processo político. Grandes corporações e interesses financeiros frequentemente exercem uma influência desproporcional sobre os políticos e as políticas. Isso pode levar a decisões políticas que priorizam o lucro e os interesses corporativos em detrimento das necessidades e interesses da população em geral. A falta de transparência e a corrupção também são problemas persistentes em muitas democracias. Escândalos políticos e a falta de prestação de contas podem minar a confiança do público nas instituições democráticas e levar à desilusão com o sistema.

Portanto, enquanto a democracia é um sistema que oferece muitas vantagens em comparação com outras formas de governo, é crucial reconhecer suas limitações e buscar constantemente melhorá-la. O questionamento e a crítica construtiva são fundamentais para a evolução e aperfeiçoamento das democracias, a fim de garantir que elas cumpram sua promessa de representação genuína e governança justa para todos os cidadãos.

---

[1] *Gerrymandering* é a prática de deliberadamente redesenhar os limites dos distritos eleitorais com o propósito de obter vantagem política, muitas vezes, distorcendo o processo democrático ao favorecer um partido político ou grupo específico em detrimento de outros, por meio da concentração ou fragmentação seletiva de votos.

Platão, em sua visão crítica, argumentava que os governantes agiam em seu próprio interesse, devido à ignorância e aos apegos materiais. Essa leitura platônica ecoa na realidade do Brasil, na qual uma elite governa supostamente em nome da democracia, enquanto a maioria da população desconhece seus direitos e deveres cívicos. Isso levanta a questão de vivemos em uma verdadeira democracia ou em uma oligarquia disfarçada, onde poucos detêm o poder real.

Talvez, seja a hora de expandir as liberdades individuais para preservar as liberdades coletivas. Devemos reavaliar nosso sistema político, promovendo um verdadeiro engajamento cívico e educando a população sobre seus direitos e responsabilidades. Somente por meio do questionamento constante e da busca pelo entendimento, podemos esperar construir uma sociedade mais justa e democrática.

SUMÁRIO

PRÓLOGO
A TEORIA DE TUDO SOCIAL.. 17

CAPÍTULO I
DO INDIVÍDUO.. 21
1.1 O medo líquido da elite política 29
1.2 A busca irrelevante pelos prazeres 31

CAPÍTULO II
DO COLETIVO 32
2.1 Ab-rogação cultural e a ignorância imposta.......................... 36
2.2 A autoregulação e identificação 41
2.3 Relação quantitativa de indivíduos em um grupo e a ignorância imposta 43
2.3 Os "senhores" ídolos políticos 45

CAPÍTULO III –
DAS BOLHAS CONTRATUAIS 50
3.1 O sentimento de impunidade e a formação do ciclo do medo............ 52

CAPÍTULO IV
DA RELAÇÃO PARTIDÁRIA 57
4.1 Os lobos dos lobbys 61

CAPÍTULO V
A ÁRVORE DA POLITEIA.. 63

CAPÍTULO VI
DO CONTRATO, DIREITOS E DEVERES 68
6.1 Pelo direito de legislar, o governo deve nos aturar................. 72

CAPÍTULO VII
DA CASCATA DA CORRUPÇÃO... 75

CAPÍTULO VIII
DA JUSTIÇA SOCIAL 79

CAPÍTULO IX
DA DEMOCRACIA LIMITADA 83
9.1 A problematização das velhas políticas. .... .87
9.2 A síndrome do pequeno poder 88
9.3 O papel da juventude 89

CAPÍTULO X
A SUBMISSÃO À FEDERAÇÃO 93

CAPÍTULO XI
DA ANTIGA POLITEIA. 97

CAPÍTULO XII
DO CONFORMISMO E SUBMISSÃO 100

CAPÍTULO XIII
DA POLICRACIA. 103
13.1 Devemos abolir os benefícios da classe política 106
13.2 O incentivo dos créditos sociais de participação. 109

CAPÍTULO XIV
DA MIDIÁTICA. 112

CAPÍTULO XV
DA CORROSÃO 116
15.1 Determinismo versus possibilismo .... .119
15.2 Nacionalismo enquanto foco político. 120

CAPÍTULO XVI
DA CRÍTICA AO POPULISMO. 124
16.1 Da crise econômica nos populismos 127

CAPÍTULO VXII
DA POLARIZAÇÃO. 129

CAPÍTULO XVIII
DA CONSCIÊNCIA..132
18.1 Os limites do ator racional..134

CAPÍTULO XIX
DO SOLILÓQUIO DA MODERNIDADE................................137
19.1 Satisfação e a astro-política..139

CAPÍTULO XX
DA DILATAÇÃO TEMPO-SOCIAL...142

CAPÍTULO XXI
DA DISRUPÇÃO TECNOLÓGICA...144
21.1 Esperar pelo melhor, preparar para o pior........................146

CONSIDERAÇÕES FINAIS...151

REFERÊNCIAS...153

PRÓLOGO

A TEORIA DE TUDO SOCIAL

Mesmo com o avanço das ideologias e das análises racionalistas da sociedade, ela parece continuar presa em um ciclo vicioso de desentendimentos, conflitos e ambições alimentadas pelo ego daqueles que ocupam posições de poder e que impõem a ignorância sobre a sociedade, sob regimes supostamente representativos. O contrato social, que deveria surgir como um mediador de conflitos e disputas sociais, fundamentado em uma série de princípios que não apenas garantam as liberdades individuais, mas as expandam, muitas vezes, é redigido por classes populistas e governos utilitários. Isso resulta em um ciclo contínuo de servidão intransigente em sociedades instáveis, impulsionadas pela coalizão de ideais unilaterais.

A busca por uma teoria abrangente que possa unificar as diversas teorias sociais que abordam as complexidades da sociedade pode parecer uma utopia, mas se torna mais clara quando analisada sob a lente macrossocial. O abstracionismo da sociedade, em paralelo com os campos teóricos da física, cria uma conjuntura de semelhança em ambos os domínios: estamos todos sujeitos ao caos inerente à ordem natural. Mesmo dispostos a esse princípio, o ser humano constantemente busca estabelecer uma razão para as ações ou para a própria existência, que, por muitas vezes, analisa empiricamente falsos padrões comportamentais, nos quais não se revelam mais tarde como lógicos, mas, sim, mero devaneio de falsa percepção sistemática.

Assim como na matemática, a sociedade exibe uma dinâmica de comportamento intrinsecamente complexo, embora aparentemente simples à primeira vista. Essa aparente simplicidade muitas vezes oculta padrões subjacentes, que, sem uma análise cuidadosa, podem resultar em fundamentalismo nas políticas racionalistas e no uso de ferramentas de persuasão coletiva que exploram a sinceridade da ignorância nas massas.

Uma política racionalista, baseada na razão e em princípios supostamente lógicos, pode ser eficaz em contextos hipotéticos e matemáticos. No entanto, as verdades sociais são mais maleáveis e frágeis em comparação com as verdades exatas. Por essa razão, a política racionalista deve ser constantemente questionada, investigada e testada. Teorias políticas que partem de pressupostos individuais e análises fundamentadas em evidências empíricas, na tentativa de estabelecer uma base racional para a sociedade, frequentemente falham, devido à sua artificialidade, à tendência à tirania ou à disposição da sociedade em servir uma elite governante nas democracias representativas. O abstracionismo social destaca a importância da disseminação da razão no âmbito sociocultural como fundamento teórico para a sociedade em geral, isto é, para as massas. Uma análise mais abrangente das responsabilidades individuais perante a sociedade civil e as políticas institucionais reflete as demandas reais e os meios coesos para alcançá-las.

Na antiga politeia grega, as cidades-estados (Pólis[2]) possuíam assembleias para aqueles que eram considerados cidadãos — excluindo mulheres e escravos pelas leis gregas regimentais — participassem diretamente do processo político, como votação de novas normas. A filosofia da antiga politeia, que pode ser traduzida como "cidade-estado" do grego antigo, representa um campo de estudo de extrema importância na filosofia política clássica. A politeia, frequentemente embarca as obras de filósofos clássicos como Platão e Aristóteles, abrangendo uma análise profunda sobre a organização política, a estrutura social e a busca pelo bem comum em contextos de cidades-estados na Grécia Antiga.

Esses pensadores arcaicos em alguns ideais para os tempos modernos, mas vanguardeiro para o período, dedicaram-se à antiga politeia e concentraram-se majoritariamente na busca por uma forma de governo ideal e abrangente, levantando questões cruciais sobre justiça, virtude, autoridade e participação cidadã.

Em *A República*, Platão propôs uma teoria da justiça fundamentada na construção de uma cidade ideal, na qual os indivíduos seriam categorizados em classes sociais, de acordo com suas habilidades naturais, com os filósofos-reis atuando como governantes benevolentes. Essa abordagem utópica suscitou profundas indagações sobre a natureza da justiça e o papel do governo na promoção do bem-estar de todos os cidadãos, bem como a legitimidade de governos aristocráticos que surgem como antípodas das sociedades dispostos ao desconhecimento distinto desses reis.

---

[2] Uma palavra grega que se refere a uma cidade-Estado autônoma e autossuficiente que existia na Grécia Antiga. A pólis era uma unidade política, social e cultural fundamental na antiga Grécia, caracterizada por seu governo local, sistema de cidadania e participação democrática, e sua organização em torno de uma área urbana central

A filosofia da antiga politeia trouxe à luz as questões relativas à participação política, à educação cívica e à formação moral dos cidadãos. A noção de areté[3], que representa a excelência moral e política, desempenhou um papel central nas discussões sobre como os indivíduos poderiam alcançar a plenitude como cidadãos virtuosos. Essas linhas pragmáticas de pensamento constituem uma sociedade fundamentada em princípios e valores empregados pelas políticas institucionais, subjugando ainda aquelas massas minoritárias que não tinham direito participativo na politeia. Em essência, a democracia direta é virtuosa e carrega a polifonia da liberdade individual e coletiva, bem como os direitos à participação, mas que, mesmo as vicissitudes culturais do período, limitavam à democracia à tirania dos "democratas virtuosos".

Num contexto posterior, sob um prisma contemporâneo, esse modelo evoluiu para o que conhecemos como câmaras federais, estaduais, municipais, dentre outros. No entanto, ao invés de adotar uma participação direta da população, a sociedade passou a eleger representantes para atuarem em seus nomes, sem garantias concretas de que esses representantes cumpririam efetivamente suas obrigações e responderiam às demandas de seus eleitores. Além disso, surgia a incerteza de se a sociedade civil seria capaz de fiscalizar ativamente esses representantes e garantir que eles realmente cumpririam a vontade popular. A participação deliberativa da sociedade civil nas políticas públicas, apesar de desejável na teoria, na prática, é banalizada.

As representações nas câmaras legislativas são limitadas pelas barreiras da comunicação e pelo acesso aos próprios representantes. Portanto, é possível argumentar que, na realidade, não se pode afirmar a existência de uma democracia genuína, a menos que se considere o processo de escolha dos representantes como a única etapa democrática. Em teoria, essa abordagem pode parecer promissora, mas também carrega uma tendência à demagogia. Após o período eleitoral, a sociedade muitas vezes se sente abandonada por seus representantes eleitos, que, ironicamente, são frequentemente vistos como os bastiões da democracia, embora representem um povo que muitas vezes desconhece suas atuações nas esferas públicas.

Diante disso, surgem as indagações: quais são as responsabilidades da sociedade em relação ao progresso coletivo? Cabe aos governantes garantir

---

[3] Areté é um termo grego que se refere a uma qualidade ou virtude excepcional, especialmente relacionada à excelência moral, à virtude ou à excelência pessoal. Na filosofia grega antiga, a areté era frequentemente associada à ideia de ser a melhor versão de si mesmo e alcançar a excelência nas ações e no caráter. A busca pela areté era uma parte fundamental da ética grega, promovendo o desenvolvimento moral e a autorrealização. Pode-se ser associada também às "Virtús".

que a sociedade esteja preparada para isso? O progresso não é alcançado por meio de promessas populistas ou da concessão de garantias básicas que deveriam ser inerentes, mas, sim, por meio de ações que capacitam a sociedade a se autodesenvolver. Entregar o poder de tomada de decisões legais nas mãos de um grupo minoritário de "representantes" legitimados pelo contrato social não os isenta de responsabilidades que sangram na sociedade civil. A terceirização do poder de julgamento e governança pode abrir caminho para a perpetuação de uma oligarquia final ou até mesmo para a ascensão de modelos regimentares autoritários.

A democracia é vista, enquanto uma forma de governo na qual o poder supremo é teoricamente concedido ao povo ou exercido em seu nome por meio de representantes eleitos. No entanto, essa noção coletiva de participação, muitas vezes intensificada pela adesão ideológica, pode levar ao surgimento de um facciosismo político-partidário que, por sua vez, direciona a sociedade para uma falsa dicotomia política. Esse ambiente propicia o desenvolvimento da ignorância coletiva, na qual a democracia é percebida como uma garantia de direitos e deveres, embora a realidade muitas vezes revele uma restrição substancial ao direito de participação direta na formulação de leis. Assim, a democracia, quando limitada de maneira significativa, pode se tornar uma ferramenta para o exercício de autoritarismo, até mesmo por aqueles que se autodenominam democratas.

A natureza, em sua essência, é intrinsecamente caótica, enquanto a idealização normativa representa uma construção estritamente humanizada. No entanto, o próprio ser humano, sendo um produto da natureza, também possui elementos de caos inerentes.

A abordagem de uma policracia abraça, de maneira ousada, essa natureza coletivamente caótica, fomentando a expansão das liberdades individuais e a promoção da pluralidade, dentro das diretrizes de conduta que assegurem a ampla participação direta dos cidadãos na política. Por outro lado, uma abordagem que segue o caminho oposto assemelha-se a podar os ramos de uma árvore que, inevitavelmente, nunca dará frutos substanciais. Isso ocorre quando se confia em uma liderança burocrática, que muitas vezes assume uma postura de "falsa representatividade", conduzida pela ignorância generalizada. Nesse cenário, a singularidade limitada dos líderes acaba por restringir a voz e a participação efetiva dos cidadãos na política, impedindo a manifestação plena de suas diversidades e perspectivas.

CAPÍTULO I

DO INDIVÍDUO

Aprofundando nas observações de Aristóteles, quanto ao indivíduo e às relações dispostas às idiossincrasias sociais, é uma tendência natural a gradativa e grosseira estruturação em bolhas familiares, vilas ou províncias, cidades, cidades-estados e, por seguinte, grandes nações. O ser humano parte dessa tendência natural de formar unidades grupais, uma vez que a política é um meio de unir as pessoas entre si e em variadas maneiras. Seja por meio da guerra ou da diplomacia, as relações socioculturais, econômicas e sociais foram disposições não de uma vicissitude natural, mas um processo longín-quo de formação em cadeia — fomentados ainda pelas culturas sociais das tribos modernas. O tribalismo, enquanto engrenagem econômica e social, é corriqueiro nas sociedades contemporâneas e não reflete exclusivamente o modismo das massas, mas o comodismo na política. Esse processo reflete justamente as formações partidárias que, eventualmente, regem um governo.

Ainda que diga o pensador na citação da obra *Política*, "O homem é por natureza um ser político"[4], defendendo que a sociedade é uma resultante natural das necessidades humanas. Por outro lado, as relações políticas modernas e a obtenção do poder, principalmente no que tange ao legislativo, trazem a importância de discernir o ser humano enquanto animal político e animal social, uma vez que o tendencionismo partidário fomentado pela ignorância imposta às massas tende a espalhar os ramos do pragmatismo ideológico e autoritário em um governo e, gradativamente, corroer as ins-tituições democracias representativas.

Com a consolidação do progresso tecnológico e a fácil conjugação das cadeias de comunicação on-line, bem como a reflexão acerca da mul-tifacetação das sociedades modernas, o ser humano precisa discernir seus deveres e ações enquanto agente político e agente social de fato, uma vez que as relações independentes não podem, em tese, sujeitar-se ao partidarismo

---

[4] ARISTÓTELES. *A Política*. Edição Bilingue. Tradução de Antônio Campelo Amaral e Carlos Gomes. Local: Lisboa, 1998. p. 21.

demagógico unilateral e populistas de um governo, sujeitando o eleitorado à ignorância de seus deveres, subjugado aos maus ministros e velhos lobos da política. Apenas o indivíduo para com si mesmo detém a capacidade e o livre-arbítrio de definir seus princípios, valores e vontades que lhe garantam uma vida digna — diferentemente ainda do que diz a elocubração dos textos da filosofia clássica acerca da Eudaimonia: o Estado deve garantir os direitos básicos para o cidadão sobreviver — porém, que apenas tal criatura subjetivada compreende a si o que se defina por uma vida digna plena. De fato, torna-se função do Estado regular e executar as necessidades básicas para um indivíduo se alocar entre povos. Em justas democracias, esse equipamento do Estado é eficiente, porém, em democracias representativas, torna-se pautas utilitaristas dos maus ministros para garantir a manutenção do exercício do poder.

Talvez, estejamos tratando o egoísmo humano, bem como a necessidade de reconhecimento de tal como um postulado social e a sociedade disposta ao desconhecimento e acessibilidade aos meios de comunicação, a elite pública dispõe seu eleitorado a uma visão obnubilar da política, isto é, à ignorância imposta que iremos discutir mais tarde.

O ser humano, pondo-se disposto as convenções e ditames sociais, tende agir impulsivamente pelo instinto. É da natureza intrínseca do animal garantir a própria sobrevivência e distintamente das filosofias iluministas e modernas, que buscam atribuir a culpa da corrupção da sociedade nas propriedades privadas ou no capital, o homem, assim como outro animal irracional que age pelo impulsivo instintivo, atua em função do próprio ego, ao passo de que a posse material e outras efemeridades sociais fomentem um traço já naturalmente formulado.

Outro aspecto essencial da condição humana surge em decorrência do contínuo processo de racionalização e evolução das linguagens. Observamos a presença de estruturas sintagmáticas que, por meio de codificações, delimitam a definição do "ego" e contribuem para o refinamento das comunicações sociais e geracionais, entre outros aspectos. Em essência, esse processo está intrinsecamente relacionado à incessante necessidade do "parasita cérebro" de perpetuar sua jornada em busca da sobrevivência, assegurando a disseminação de seu código genético pelo mundo. O resultado desse imperativo biológico se reflete nas correntes de impulsos elétricos que percorrem nossas sinapses, dando origem aos processos de racionalização e às atividades instintivas, como o ego e a "irracionalização".

A TEORIA DE TUDO SOCIAL: DEMOCRACIA LTDA

Portanto, sob essa ótica, não existem ações plenamente altruístas ou contemplações inteiramente desinteressadas. As manifestações de admiração e exaltação são, em última instância, expressões intransigentes da sublimação do ego, que, por sua vez, emerge como um reflexo instintivo da mente, buscando perpetuar sua própria existência.

Somando massas sociais com pensamentos alinhados ao coletivismo dessa forma, os indivíduos — agora massificados — necessitam de um líder, um representante ou, melhor, um cacique partidário com supostas atribuições virtuosas para conduzi-las. Por meio desse, a sociedade estabelece ditames e costumes dos grupos. Não exclusivamente pelas suas virtudes, mas um bando precisa ter em quem confiar e espelhar. A natureza humana inclina para a submissão inconsciente, por uma figura estoica até a pregação ideológica. O indivíduo, antes primitivo, vê na contemporaneidade, mais do que nunca, a necessidade de agrupar-se em uma sociedade política para criar um contrato social, regida por magistérios que punem os peculiares as margens desse código.

O indivíduo, ao nascer no território federativo ou confederativo regido por isso, assina, assim, um contrato social, onde as unidades familiares (formado não necessariamente por parentescos diretos) são, de modo geral, os primeiros contatos sociais dele. A primeira infância abordará as interações corriqueiras com os membros da bolha social, levados pelos costumes, cultura e compreensão subjetiva acerca dos princípios morais contaminantes pela regência cultural daquela família e, claro, país. Posteriormente, temos a interações com outros membros da sociedade que dividem espaço nas educações básicas, isto é, a coligação social dos "primeiros companheiros", nos quais as abordagens sociais não passam despercebidos, como meros anacronismos, mas, sim, pontuais parâmetros comportamentais e socioculturais das bolhas.

Por meios desses, o indivíduo compreende outras culturas e costumes além das quatro paredes da estrutura social anterior. Esses companheiros infantis são imãs sociais primordiais para que mais tarde o indivíduo passe a se compreender como membro de uma força centralizada massificada — talvez egocêntrica — e, mais tarde, tende a compor, moldar e reformas as tribos, com os devidos ditames sociais daquele grupo em questão, que perdurará até a adolescência ou em diante.

A partir dessa construção Tribalistas, somado com a forte acessibilidade a outras culturas pela fácil acessibilidade digital aos meios informações e exposição a outras tribos e indivíduos com pensamentos distintos, abordagens dessemelhantes de pensar e construções culturais mistas, o que antes era um indivíduo encontra-se contido em uma colônia partidária cultural, uma vez é que alocado a uma bolha que compactua com seus princípios e valores adquiridos nas antigas relações sociais e molda no presente as crenças. Religiões e ideologias tendem a perdurar por mais tempo, uma vez que se torna uma cultura escravista arraigada nos ditames sociais e fortificados principalmente pela crença coletivista. O coletivo, por sua vez, abordará pela ignorância e irracionalidade por um juízo de valores mergulhados nas falsas ideologias ou por peregrinas crenças.

O medo do imprevisível e daquilo que foge ao controle força os indivíduos à adoção da ignorância do coletivo e à formação das guildas sociocoletivas, a fim de preservar a si e não necessariamente fruto de um altruísmo. Assim, a adoção de um pensamento pragmático diminui as chances de um suposto ataque imprevisível ou da solidão sórdida. Em suma, o que deve ser tratado não são os fins, mas os meios utilizados para angariar o coletivismo, subsidiado da ignorância imposta.

A sociedade massificada, em sua constante busca pelo maior controle de poderio social-político, luta continuamente entre si, onde quaisquer produtos da sua cultura tornam-se ferramentas de engrandecimento desse ego, inclusive, a própria língua; trajamos de elogios e cultuamos a respeito aqueles que possuem maior repertório linguístico ou adotam como estilo de vida as obras de literatura erudita e marginalizam as literaturas de base. Vale a indagação: esses que aproveitam dessas obras clássicas são tão supostamente cultos quanto a um outro que consome uma história em quadrinho? Quais critérios definem o "cultismo" de uma obra, senão aqueles definidos pelo próprio grupo cultural ou o egocentrismo exacerbado?

Apesar do aspecto Tribalista que tende a delinear os padrões comportamentais individuais dentro de uma bolha social, o indivíduo ainda é abstrato por si — como bem abordam os estudos na psicanálise — que possuem necessidades básicas para que seja dado as condições de uma vida digna ao mesmo. Ainda assim, somente ao longo do processo de consolidação da independência do indivíduo em relação ao Estado, seus programas e as engrenagens sistemáticas das relações sociais coletivas, isto é, só ele para si poderá eventualmente definir os rumos da sua existência diante da sociedade pública e política. O ser humano, fomentando pelas construções inerentes da sociedade, bem como o fechamento do cerco da liberdade política diante do contrato social utilitário, tende a agir no individualismo para autopreservação do seu estado físico e (ou) mental. Não necessariamente pela ganância direta como os mais renomados sociólogos sugerem pelo advento do capitalismo ou até mesmo pensadores iluministas do século XVIII acerca das posses, mas, sim, o que se presume ao individualismo é a busca pela razão e o afastamento da ignorância sugerida pelo coletivismo. Portanto, o ser humano não é só uma criatura adestrada pelas culturas, mas integralmente subjugado à tal e egoísta por natureza, a fim de garantir o estado de preservação. Os meios para isso eventualmente tornam-se pautas de análise comportamental. Diante disso, passam adotar meios nos quais passam a se render pela pressão coletiva ou adoção egocêntrica dos postulados morais do próprio ser. É necessário um equilíbrio entre a constante da metafísica e o mundo externo, uma vez que o mundo das ideias não implica fisicamente no mundo externo, se não por meio das decisões tomadas pelas interpretações subjetivas.

Diante do contrato social, o ser humano assume diversos direitos e deveres para com a sociedade civil, sendo o quase o cerne da teria de tudo da filosofia, no que se refere ao estado de natureza (ou de instinto), da mesma forma, como ele lida em aspecto de transição ao abandono desse instinto. *A priori*, um homem não tem direito implicado de intervir na liberdade individual alheia, cerceando-o dos mesmos direitos previsto pelas leis do Estado, a fim de que seja garantido direitos unilaterais, no que se refere à liberdade e à justiça. O fato de um indivíduo em questão não conseguir moldar o status quo e os rumos tomados de outro indivíduo, isto é, como ele compreende a realidade inserida em questão, gera revolta em função da realidade do próprio empírico e do próprio ego. Aquilo que foge do controle do ser humano toma espaço para o medo — como a falha de controlar as efemeridades naturais e um tornado destruir sua residência. Nesse momento, o mais egoísta percebe que possui sua liberdade ameaçada pela liberdade do terceiro, pois não pode controlá-lo e teme de que o Contrato Social não seja eficaz em garantir sua própria segurança. A busca incessante pelo controle das liberdades gerais para assegurar a própria pode tomar rumos diversos dentro de uma sociedade, como um regime totalitário, ou a fomentação das massas como projeto de poder. Regimes autocráticos tornam-se imprevisíveis, em função da subjetividade nesses aspectos naturais do ser humano, e como a soma de fatores, como o traço de personalidade e a tomada arbitrária de decisões possa implicar na derrocada de um conflito.

Diante desse medo, o homem busca, por meio das relações políticas e sociais, um modo de assegurar mais a sua própria liberdade, mesmo que isso signifique restringir de outras. Ao longo da história, a raça humana presenciou diversos regimes que caíram na tirania por isso e que nem mesmo a democracia representativa está a salvo de dissolver em um regime oligárquico.

O ser humano no Estado de Instinto passa a ser guiado pelo próprio ego e a necessidade de permanecer vivo. Por que um leão caçando uma zebra na Savana para sobreviver é menos sensacionalista do que um indivíduo que zelou a vida de outro? Pois esses primeiros não possuem o princípio da racionalidade — e não se indagam se é certo matar o próximo para garantir a própria sobrevivência. Enquanto as sociedades mais avançadas buscam outros meios para sustentar a sobrevivência da raça, sem minar a dos outros. O ser humano no Estado de Instinto assumiria uma posição semelhante ao do leão, inclusive na formação de uma população, com um contrato social instintivo e tácito entre os bandos — onde, supostamente, não se caça ninguém do próprio grupo, mas se faz o necessário para garantir a sobrevivência dele. O regime constitucionalista assume, por sua vez, os pressupostos contratuais sociais, evitando que os indivíduos, a princípio assegurando as contingências dentro do Estado, assumam o retrocesso do desenvolvimento da raça, retornem para a postura de selvageria e, por meios dos governos e modelos políticos democráticos, asseguram e expandem as liberdades sociais.

Mas quem melhor para dizer o que é ideal para si se não o próprio indivíduo? De modo que, ao analisar o pragmatismo dos pontos citados, compreendendo a fragilidade das massas e por desvirtude do ego, aqueles poderosos que assumem postura de liderança utilizam-se do apego ideológico para preservar a si, considerando que o ser humano não é naturalmente social, mas, sim, influenciavelmente social. É necessário distinguir o ser humano enquanto animal político e social, para que as difusões de ideais não ponderem as decisões que devem ser universalizadas, a fim de promover o bem-estar coletivo e individual de uma sociedade em progresso. No mais, as bolhas devem ser continuamente testadas e questionadas para que aproximem do pressuposto racional de uma verdade social.

Animal político: *a priori*, o animal político é estabelecido pela necessidade de haver normas e condutas constituídas pelo animal social, que passa a barganhar as necessidades coletivas em função da individual e vice-versa. O animal político que atende aos interesses próprios, seja de modo egoísta e repugnante ou da abnegação ao almejar uma coletivização do benefício

A TEORIA DE TUDO SOCIAL: DEMOCRACIA LTDA

da permuta, transita entre um estado social e outro, flexibilizando, assim, o diálogo entre as massas dispostas à ignorância e à própria bolha partidária eleita ou apoiada por esses grupos. Um contrato social, por sua vez, estabelece precipuamente como o ser humano passa agir para com o outro, dentro dos limites estabelecidos pelos artigos e incisos. É um código de garantias individuais, mas que, em regimes democráticos comprometidos, apresentam suas fragilidades. Em decorrência disso, é necessária constante moderação por parte de um poder legislador, com participação dos animais políticos que compreendam as contingências sociais, com garantias asseguradas, principalmente regidas pela liberdade e justiça, mesmo no seu mais complexo regime.

O estado selvagem no mundo animal dispõe as criaturas a uma anarquia natural, angariado pela competição da força bruta para a sobrevivência. O Estado de Instinto do ser humano, apesar dos princípios de racionalidade, põe-no diante de uma anarquia semelhante para com a sociedade civil, mas preservado pela lei, onde o mais animalesco dos atos passa a ser legitimado somente às margens do contrato social. Sendo assim, a razão torna o indivíduo um animal político, pelo fato de fazer oposição às ideias de outro pensamento, desde que assegurado os direitos fundamentais, como a vida e liberdade, pelo contrato. Ainda assim, somente o sujeito compreende por si o que é necessário para viver plenamente e aqui diferimos das condições de "vida digna" e "viver plenamente", de modo que, para alguém viver supostamente com dignidade, devem ser asseguradas as condições básicas ao indivíduo para alcançar as conjeturas próprias de vida plena, uma vez que somente ele para si compreende suas ambições e desejos para isso.

Quando desgarrado das massas, um animal político decide por si os rumos que deve tomar para sua vida, desde que não comprometa a liberdade alheia assegurada pelo mesmo estado. Ele deve ter a liberdade de propor mudanças que tornem a vida dele mais confortável e justa perante o contrato social e as normas que regem o território onde assiste.

Maquiavel via fraquezas na natureza humana que permitiam ao príncipe abusar e controlar seus súditos por meio da tirania e manipulação. Uma delas era o sentimento de cooperação ao estar em um ambiente hostil ou ameaçado, onde a socialização passa a ser uma aliada para preservação da própria segurança física e mental. O pensador ainda via outros traços humanos negativos que poderiam eventualmente ser transformados em "bem comum para preservação do Estado", como a própria tendência natural de imitar um representante, ao invés em vez de indagá-lo sobre suas condutas e a legitimidade das ações. A ignorância, como sendo uma benção para preservação do Estado, foi utilizada mais tarde por regimes autoritários e autocráticos espelhada pelos poucos ditadores que ainda governam ao redor do mundo.

O ser humano, enquanto animal político, precisa agir no individualismo e realismo, para não estar propenso a ceder-se à perda da racionalização massificada, que podem vir a se tornar ferramentas táticas de manobras políticas, como fora nas revoluções comunistas ou fascistas. Para isso, é necessário um regime onde todos, individualmente, tenham liberdade de participação efetiva na política, onde seja abolida a falsa dicotomia representativa de um messias partidário, detentor das mil vozes que o elegeram por uma elocubração.

Animal social: em outro aspecto, o ser humano não é uma criatura majoritariamente antissocial, a ponto de abandonar os preceitos sociais em uma diáspora, e, sim, vê-se disposto a situar-se em bandos, com costumes e ditames sociais que transigem entre si. Ele compreende a alocação entre grupos, mas assume caráter político quando busca barganhar entre seus semelhantes, seja para a manutenção do poder dentre as massas até atendimento do ego.

A psicologia oferece estudos que trazem a reação das massas, quando dispostos em bandos, e sua fragilidade racional. Isso tornaria o humano propenso à manipulação dogmática quando canalizada pelas massas, em virtude do afastamento da razão e da adoção do campo do atendimento emocional generalizado. Portanto, o ser humano, enquanto animal social, não está apto a tomar atitudes políticas que partam da razão e da lógica, quando disposto às massas, o que por muito compõe as tribos sociais, uma vez que se depara com o espontâneo cedimento da pressão das massas de apoio, tais quais atuam formando grupos e partidos para reivindicar um suposto direito inalienável. Essa submissão do indivíduo para com um grupo massificado o torna propenso à ignorância coletivizada, fomentada por um mau líder. Diante da ignorância suplementada dentre as massas, o povo acaba por recusar uma representatividade de um líder virtuoso, que agora atua almejando segurança jurídica e financeira de sua classe.

Um indivíduo, componente político social de um governo, é formado pela fomentação cultural no qual está inserido. Isso é natural do ser humano enquanto animal social. Contudo, o ser humano enquanto animal político não deve ter os postulados culturais tão arraigados na administração pública regimentar, uma vez que o juízo de valores culturais, imutáveis e subjetivos aos *status quo* de época, implicam na necessidade do afastamento nacionalista, ao assumir um posto moderador, isto é, diga sós e não nós. O Estado deve preservar a cultura de um povo, mas que sua própria formação a não estabeleça como parâmetros avaliativos de decisão, prezando, sim, pelo imperativo categórico, a fim de evitar a propagação ideológica nacionalista de um povo, uma vez que, disposta à ignorância do coletivo, a sociedade política tende a agir impulsivamente pelo aspecto da força de coerção social.

1.1 O medo líquido da elite política

O conceito de medo líquido, como delineado por Zygmunt Baumann[5], revela-se ainda mais intrigante, quando mergulhamos no âmbito do poder político e na sua influência sobre o contrato social.

O sociólogo, por meio de sua análise no que tange às relações sociais, delineou um paradigma que lança luz sobre a crescente sensação de descontrole que permeia as relações sociais e as vidas individuais, à medida que as estruturas dos povos adquirem uma fluidez e imprevisibilidade. Essa sensação de incerteza ganha contornos sombrios, quando observamos como o poder público e político manipula e distorce a concepção original da construção das leis que regem os contratos sociais, que deveriam ser o alicerce inabalável de uma sociedade justa, mas que muitas vezes são moldados em prol de interesses pessoais e partidários. Esse fenômeno revela-se como a metamorfose do medo líquido em uma manifestação palpável de desconfiança, em relação ao próprio sistema que deveria servir como um guardião de nossos direitos e liberdades. Nesse contexto, os agentes políticos, ávidos por atender suas agendas, sejam elas eleitoreiras ou impulsionadas pelo desejo de acumular poder político, muitas vezes, recorrem a um alicerce nefasto e manipulável dentre as massas e uma sociedade resguardada pela desconfiança: o medo. Como seres humanos, somos propensos a desenvolver ansiedades, receios e temores, em relação a eventos e situações que escapam ao nosso controle. Seja diante de desastres naturais avassaladores ou do inevitável espectro da morte que paira sobre todos nós, é comum experimentarmos frustrações diante da impotência em influenciar aspectos sociais, econômicos e naturais do mundo ao nosso redor, já que esses fatores são reflexos que moldam nosso comportamento social e a liberdade de modo geral.

---

[5] BAUMAN, Zygmunt. *Medo líquido*. Rio de Janeiro: Jorge Zahar Editor, 2008.

Em um cenário em que o contrato social deveria servir como o documento fundamental que orienta os princípios e diretrizes de uma sociedade justa e igualitária, a elite política, muitas vezes, toma a dianteira na regulamentação e manipulação desses princípios em seu próprio benefício. A imposição da ignorância sobre a população cria uma cortina de fumaça que obscurece a visão da sociedade civil, impedindo-a de questionar as injustiças e desigualdades presentes nas leis e nos direitos que, teoricamente, deveriam ser acessíveis a todos.

A elite política, ao controlar as estruturas legais e jurídicas por meio da moderação do contrato social, frequentemente ignora considerações morais e éticas, ao passo que assentamentos políticos indiretos, somente por uma disposição falsamente meritocrática, passam ser legitimados pela lei e ignorados pela sociedade geral. A elite, ainda, busca consolidar seu domínio e perpetuar seu controle, muitas vezes, vendendo-se da ilusão de felicidade para o povo. Diga-se de passagem, o utilitarismo político busca criar um arcabouço da felicidade, apropriando-se de pautas relevantes nas democracias representativas, a fim de assegurar que os maus ministros garantam seu estado de querência. A venda da falsa felicidade busca resolver os problemas da sociedade em simples aritmética, como se a função do governo fosse levar felicidade para uma bolha social que garantisse o voto para os membros da classe política. Em uma sociedade disposta às sombras da ignorância, essa abordagem seria válida, mas, a longo prazo, desencadearia um processo de dissolução da democracia nas mãos da tirania da maioria, esfomeada por políticas rápidas e eficazes a curto prazo, desconsiderando os desdobramentos nocivos à economia e às minorias. Essa estratégia se assemelha, de certa forma, às antigas monarquias e aristocracias, que também procuravam manter a população satisfeita com migalhas de bem-estar, a fim de evitar contingências e preservar seu próprio poder em função da ignorância imposta.

Assim, vemos as chamadas "aristocracias democráticas institucionais" adotando uma abordagem similar, mas sob a máscara da democracia representativa. Candidatos e líderes políticos, muitas vezes, apresentam-se como paladinos da vontade popular, prometendo uma felicidade ilusória e conquistando uma posição privilegiada no cenário político. O medo que assombra a sociedade civil, muitas vezes, não encontra eco nas fileiras dos reguladores da lei, permitindo que os interesses pessoais prevaleçam sobre a justiça e a igualdade. A democracia, outrora um farol de esperança, sofre sua primeira corrosão em direção à tirania, quando o sistema se torna limitado e distante de sua verdadeira essência.

1.2 A busca irrelevante pelos prazeres

À medida que as teorias psicológicas foram se consolidando na era moderna, a humanidade passou a compreender mais profundamente a natureza dos prazeres e dos sentimentos, abandonando atribuições desses aspectos a fatores puramente quantitativos ou qualitativos, como frequentemente sugerem políticas utilitaristas.

Essas políticas, muitas vezes, tendem a subordinar o individualismo ao coletivismo humano, tratando-o na homogeneidade. O conceito de prazeres baixos e elevados[6], conforme postulado pelo pensador liberal clássico John Stuart Mill, trouxe à tona uma perspectiva mais relativa da experiência humana, na qual a sociedade é orientada pela busca constante pelo bem-estar. No entanto, líderes inescrupulosos e governantes ineptos exploram essa faceta humana para instaurar o populismo, oferecendo apenas uma ilusão de satisfação desses prazeres.

As faculdades superiores do ser humano, como a razão, a imaginação, a cultura e a moralidade, são tão abstratas que distinguem os seres humanos de outras criaturas que não buscam esses elementos como valorizados. Um exemplo disso é a apreciação da arte, que é considerada um prazer elevado. No entanto, essa noção equivocada de cultura superior leva à criação de grupos elitistas que percebem sua própria realidade como superior à de outros. Esses polos opostos, por sua vez, consideram sua própria cultura como um prazer elevado individual, o que muitas vezes resulta em um antagonismo com os grupos eruditos.

A concepção do prazer é compreendida como uma resposta a um sentimento que não pode ser plenamente quantificado. A busca por cultura ou o desenvolvimento do conhecimento não necessariamente resulta em prazer, uma vez que essa experiência é subjetiva e abstrata para cada indivíduo. Além disso, embora pontos de vistas semelhantes possam surgir, a sensação de prazer não pode ser adequadamente mensurada por governantes ou empresas, que, muitas vezes, baseiam-se apenas em dados objetivos de satisfação, sem levar em consideração a complexidade emocional subjacente.

O verdadeiro bem-estar não pode ser quantificado por instituições governamentais ou empresas privadas; ele reside exclusivamente no indivíduo em relação a si mesmo. Portanto, é essencial que os indivíduos desfrutem das condições e liberdades individuais necessárias para perseguir sua própria felicidade.

---

[6] Mill distingue entre prazeres superiores e inferiores, defendendo a superioridade dos prazeres que contribuem para o desenvolvimento humano, a cultura e o bem-estar geral da sociedade. Essa distinção buscava refinar a abordagem utilitarista, destacando a importância de considerar não apenas a quantidade, mas também a qualidade dos prazeres ao avaliar a felicidade e o bem-estar em uma sociedade (MILL, John Stuart. *Utilitarismo*. Tradução de Mathias de Azevedo Bueno. Editora: Ítaca, Porto Alegre. 25 out. 2023. Edição Kindle).

CAPÍTULO II

DO COLETIVO

Na sociedade moderna, o advento das atuais conjunturas estratégicas mercadológicas de propaganda, como o marketing político, tem provocado um delírio coletivo, em relação ao que constitui o bom representante, um líder intelectual e virtuoso para dar espaço para falsos dogmas que querem ascender o poder em detrimento do conforto da classe. Em um país aonde a sociedade disposta à influência tendenciosa da ideologia e desconhecimento fomentados pela desinformação, a ignorância torna-se de fato uma benção para os falsos messias. No entanto, os fios de ouro da exaltação muitas vezes se baseiam na ignorância, que é habilmente confeccionada a partir das palhas da desinformação e da fadiga coletiva, resultante da incessante busca por informações de primor e da aceitação da realidade palpável, em contraste com um cenário sociopolítico repleto de escândalos e desilusões.

O pseudointelectual, agora amplamente reverenciado como representante das massas dos mais variados nichos, frequentemente carece de valor moral e desapego ideológico em suas ações que moldam uma sociedade. Esses líderes, que emergem da vontade popular, muitas vezes são comprometidos com os interesses próprios e efêmeros, em vez de compromissos duradouros com o bem-estar da sociedade e o devido exercício da função quixotesca. Se o poder, como preconizado, emana do povo, o paradoxo se revela quando o próprio representante, uma vez no poder legislativo, é indicado pela sociedade civil, mas esta, por sua vez, não detém a parcimônia e as atribuições pertinentes para discernir o que é moral e justo no que tange seu empírico. O problema de formação passa ser atribuída exclusivamente pelas massas que o indicaram para o parlamento sem indagação de seus valores e trabalhos. O representante, imerso nesse contexto, por sua vez, torna-se moralmente questionável, transformando-se em um mau representante e um elemento nocivo para o ambiente político que, por sua vez, molda o contexto social.

As democracias representativas frequentemente tendem a sucumbir à influência nefasta de maus ministros, que se aproveitam da segurança jurídica

A TEORIA DE TUDO SOCIAL: DEMOCRACIA LTDA

e das garantias de seus cargos para perpetuar sua influência. Ao redigirem leis que regulam seu próprio comportamento, esses líderes evitam as injustiças que afetam cidadãos comuns, mas não hesitam em agir de maneira discrepante quando se trata de seus próprios interesses. Essa segurança jurídica e blindagem concedida aos parlamentares, longe de assegurar a justiça, muitas vezes, perpetua o exercício contínuo da desvirtude política, ressoando ilusão de democracia para o povo, quando, na verdade, são submissos às autocracias.

No entanto, questionamos: algo que está prescrito em lei é automaticamente legítimo? Essa legalidade, apesar da adesão constitucionalista, implica moralmente e universalmente nos interesses do povo? Quando não existem alternativas viáveis para buscar justiça, além daquelas outorgadas pela constituição, somos confrontados com a pergunta: quem são, na realidade, esses representantes blindados pela segurança jurídica, se não uma espécie de ladrões legitimados pelas próprias leis que ajudaram a redigir?

A sociedade enquanto uma entidade coletiva, uma Alcateia Social, que depende da segurança cooperativa e do respeito aos direitos naturais estabelecidos no âmbito constitucional para proteger seus membros, vê-se diante de um dilema aterrador; o que acontece quando esses membros, guiados pela ignorância e manipulados por maus ministros, não se sentem mais representados por seus governantes? Eles começam a se formar em "Estados Paralelos", estabelecendo fronteiras à democracia representativa e, por fim, contribuindo para o seu declínio. Quando uma democracia não se estende para abranger a representatividade individual ou a atuação dos agentes sociais, ela corre o risco de dissolver na democracia de muitos, mas não de todos. Esse declínio inevitavelmente leva a uma oligarquia institucionalizada, na qual os representantes, agora protegidos pelas leis que redigiram, competem pelo luxo do poder, fazendo o que for necessário para manter suas posições.

Essa reflexão evidencia o gradual declínio da democracia representativa e a deplorável exploração das massas dispostas à ignorância do desconhecimento político, relegando-as ao papel de simples ferramentas eleitorais, em um cenário de derrocada, onde a verdadeira essência da representação democrática se encontra ameaçada pelos conluios político e partidários. A sociedade política que, a priori, fora estabelecida com o propósito de proteger seus indivíduos por meio das leis e garantir a liberdade coletiva se depara com a constante formação de grupos descontentes, frequentemente alimentados pela ignorância e maus ministros, levando-os à miséria das massas, que acabam se rebelando e criando Estados sociais paralelos, desiludidos com as promessas vazias dos líderes que desfrutam de uma vida de luxo, reservada à uma elite privilegiada de oligarcas intransigentes.

Não são apenas os revoltosos que determinam a formação desses novos Estados Paralelos, mas aqueles que, devido ao desconhecimento generalizado e à ignorância imposta, não reconhecem mais seus deveres e direitos sob o sistema constitucional vigente. Em vez disso, eles estabelecem um novo contrato social, à margem do primeiro Estado. O coletivismo, que em primeiro lugar formou a sociedade política, agora encontra-se excluído dela, devido à falta de conhecimento dos direitos perante o primeiro Estado, estabelecido pelo republicanismo. Assim, buscam ser representados não por outra figura política, mas por um novo contrato social, muitas vezes guiados pelo dogmatismo de um novo ideal indubitável.

Os regimes políticos subjugados pelo narcotráfico, milícias armadas ou corroídos por uma arraigada corrupção são manifestações inequívocas da má liderança, governantes ineficazes e representantes que fracassam em cumprir suas solenes promessas. A liberdade, muitas vezes, restringe-se ao escopo dos costumes e tradições, limitando-se à Liberdade Social, enquanto a Liberdade Política, embora estipulada legalmente, permanece elusiva. A **liberdade selvagem**, por outro lado, sucede-se fora das limitações das leis constitucionais e sociais, onde o indivíduo, afastando-se da racionalização pressupostas pelo Estado e padrões sociais, assenta em um estado primitivo, em que prevalece, por exemplo, os postulados naturais mais brandas e nefastas do mundo animal, como a cadeia alimentar e a lei do mais forte.

Nesse complexo panorama, a democracia representativa enfrenta sua maior prova de resistência. A corrupção dos líderes, a desinformação das massas e a formação de Estados Paralelos refletem o declínio de um sistema que, em sua essência, deveria garantir a liberdade e a justiça para todos. É de fato desafiador o encontro do equilíbrio entre o idealismo democrático e a realidade política, buscando formas mais eficazes de representação e governança que respeitem os princípios da liberdade e da justiça, evitando, assim, o colapso das democracias representativas em detrimento de uma administração política patética e cacofônica do parlamento.

A liberdade que surge do descontentamento em relação à constituição regimental em questão não concede ao indivíduo plena liberdade para expressar seu descontentamento de maneira direta, dispondo-o a três estados de liberdades.

A moderação na abordagem das questões é necessária, visto que ainda que a sociedade civil está sujeita às normas sociais politicamente carregadas e às marcas persistentes do imperativo categórico da maioria, que permitem a conformidade das massas com discursos demagógicos. Essa liberdade, embora limitada pelas convenções, é conhecida como **Liberdade Social**, pois permite que as pessoas não sigam necessariamente o que é estipulado pelo atual processo constitucionalista, ainda que o indivíduo esteja contido nela, sobrepondo hierarquicamente o contrato social ocasionalmente. É a liberdade relacional entre os indivíduos que compõe as massas. Quando dispostos pelo "efeito manada", encontram-se diante da relativização do contrato social que rege o povo. Isso ocorre naturalmente, por exemplo, em razão do descontentamento com maus ministros ou devido à falta de liberdade subjacente efetiva, perpetuado principalmente pela falta de **Liberdade Política**. A Liberdade Social permeia uma vasta gama de esferas nas interações sociais, seja por meio do consenso geral, contrariando as normas regimentais ou pela formação de grupos partidários com objetivos que servem aos interesses coletivos específicos. A Liberdade Social é um dos aspectos mais ubíquos nas dinâmicas sociais e, como resultado, pode dar origem a um processo de otimização da ignorância imposta, desde o isolamento em bolhas até a formação de grupos políticos com intenções escandalosas, a ponto de corroer as democracias representativas. A plena liberdade de associação e interação entre grupos é um direito legítimo em prol da liberdade individual de fato, e que essa livre associação não seja pretexto de dogmas políticos para sobrepor a razão da sociedade a seus solilóquios discursos de fidelidade as pautas sociais. Lembrem-se: fidelidade não é uma virtude, se por medo ou falta de oportunidade, o indivíduo agiu com a fé, é necessário reaver as elocubrações desses maus fiéis sociais.

Ambos os aspectos sociais estão resguardados no âmbito jurídico e outros exclusivamente em decorrência do exercício da função. A **Liberdade Selvagem**, por outro lado, estende-se para além das restrições impostas pelas leis constitucionais e sociais. Ao se afastar ao máximo do processo de racionalização que normalmente guia as relações políticas e sociais, o indivíduo rompe não apenas com as convenções do Estado e do contrato social, mas também com a sociedade em si. Isso cria um estado primitivo, no qual o indivíduo se assemelha a um constante estado de defesa e caça para garantir sua subsistência em um ambiente semelhante ao da fauna, onde prevalecem a pirâmide alimentar e a lei do mais forte.

Vale enfatizar que as lideranças partidárias, apesar de seu número reduzido de membros, não podem ser prontamente rotuladas como uma massa de ignorantes. Em vez disso, elas constituem tribos que estabelecem as diretrizes regimentais preponderantes para seus filiados, os quais, por sua vez, disseminam discursos simplificados para as massas por meio de estratégias de *marketing* político ou, melhor, da politicagem dessas tribos. Essas lideranças não tendem a agir de maneira coercitiva umas com as outras, devido à ignorância, mas de forma subliminar, construindo um arcabouço de interesses coletivos.

Embora haja uma certa crença e motivação tribal na busca pelo poder, grupos afins, com interesses mútuos, trilham em busca da autopreservação e expansão de sua presença política, onde a competição se traduz como um reflexo do ego e o estado de instinto. A associação entre tribos partidárias distintos eventualmente se desgasta, resultando na formação de oligopólios e cartéis políticos, que já não norteiam seus projetos e votos com base nos interesses dos representados, mas, sim, na submissão às normas partidárias e aos interesses dos próprios caciques.

2.1 Ab-rogação cultural e a ignorância imposta

Assim como os prisioneiros acorrentados na escuridão da caverna de Platão, muitos caminham pela vida com os olhos vendados pela ignorância imposta da midiática patrocinada pelos cartéis políticos que norteiam a máquina pública do populismo. Nossa jornada é moldada por sombras projetadas nos muros da nossa percepção, sombras cuidadosamente forjadas pelos velhos lobos políticos que dançam nas sombras dos bastidores do poder. É uma polifônica dança maquiavélica, uma fomentação calculada da alienação, na qual os políticos astutos orquestram uma sinfonia de desinformação para manter o controle sobre as mentes e os corações da sociedade, que, por sua vez, são os peões desse tabuleiro.

É hora de abolirmos as vendas que nos foram impostas, de quebrarmos as correntes da complacência e de gritar pela expansão da liberdade política contra a elite pública que se dirige à sociedade como os carroceiros morais e corretos de povo néscio. De abandonar o que outrora era chamado de Estratégia do Pão e Circo e hoje torna-se ferramenta de persuasão das fraquezas do ser humano, como o coletivismo e os movimentos massificados dessa empola da elite pública.

Nos séculos que antecederam o iluminismo, os debates acerca da lei da terra e lei divina[7] marcaram a política medieval. Mais tarde, com o rompimento das instituições políticas na Europa com o clero, deixaram a sociedade com uma pauta em aberto: o que regeria a moral, em vista da relatividade religiosa? A sociedade ficara sem um código moral, restando apenas o contrato social, e poucos outros pensadores que estabeleciam as relações da moral com as "leis dos homens". Ainda assim, nenhuma linha de pensamento tinha sido tão pragmática, quanto de Immanuel Kant, em *A Crítica da Razão Pura*, e o princípio da fórmula do imperativo que passa ser discutido especialmente na segunda seção da obra com a fundamentação da metafísica dos costumes.[8]

Kant desenvolveu seu postulado moral com base na concepção do Imperativo Categórico[9], sendo um dos princípios fundamentais da moralidade, argumentando que a moralidade não deveria ser empregada por pretensões ou desejos pessoais, mas, sim, por deveres racionais a ponto de serem universalizados. Com isso, a moral tornou-se um código intrínseco nos Contratos Sociais por seguintes. Ele ainda enfatizou que a felicidade só poderia ser alcançada com uma constituição forte em vigor que resumisse a essência do contrato social e seus valores. Por felicidade, tratamos o bem-estar público como a lei suprema do Estado, que exige a primazia nas constituições que garantam a todos a liberdade dentro da lei.

A moral, por sua vez, assumiu uma postura mais livre nas sociedades, com o indivíduo sendo o legislador dele mesmo, agora não mais definido por crenças ou dogmas. A subjetividade moral tomou forma nas sociedades contemporâneas, sendo tão relativo quanto os fusos horários no planeta Terra. O desafio social nessa liberdade está em quando os indivíduos desconhecem os métodos de como legislar a si mesmos, adotando ideologias e linhas de pensamentos pragmáticos que mais lhe forem convenientes e acolhedores. Nessa incerteza e desconhecimento, reside os riscos da alienação racionalista

---

[7] As "leis da terra" e "leis divinas" referem-se a duas categorias distintas de normas éticas e jurídicas. As leis da terra são aquelas estabelecidas pelos sistemas legais humanos e governos, regulando a conduta dos indivíduos na sociedade. Por outro lado, as leis divinas são princípios éticos derivados de crenças religiosas, consideradas como emanando de uma autoridade divina. Enquanto as leis da terra são fundamentadas em sistemas legais humanos, as leis divinas são percebidas como tendo uma origem divina e, muitas vezes, estão associadas a sistemas de moralidade religiosa.

[8] KANT, Immanuel. *Crítica da razão e outros textos filosóficos.* São Paulo: Abril, 1974. p. 218.

[9] O imperativo categórico é um princípio central em sua ética deontológica. Kant formulou esse imperativo em várias versões, mas a essência permanece consistente nas filosofias políticas. Ele postula que uma ação é moralmente correta se puder ser universalizada sem contradição e se trata os indivíduos sempre como fins em si mesmos, em vez de meios para atingir outros objetivos.

e identitário, onde novas crenças fervorosas impõem uma ignorância sincera. Quando o indivíduo alcança a percepção da autorrealização e regulação acerca de si, mas desconhece as trilhas para isso, ele se encontra com as ideologias segregadoras e distopias, rejeitando a liberdade externa em troca da mental, duvidando do valor do plano tangível ou uma falsa idealização de mundo imposta por dogmas políticos e suas ideologias para a manutenção do poder. Nesses passos, as sociedades dispostas ao desconhecido assumem uma postura da ignorância e negação.

As massas, dispondo-se das ignorâncias e ditames culturais impostos por aqueles que pressionam a perpetuação do poder, tornam-se ferramentas de discursos de pseudomoralismo dos falsos bastiões da moralidade, ao passo de se subjugarem aos estigmatismos do controle social. Ora, se o indivíduo que molda de maneira subjetiva seus princípios, quem são esses que sugerem o que é moralmente correto? Pois bem, é a própria sociedade civil que estigmatiza ela própria, estendendo-se ainda para aqueles maus ministros indicados. Uma cultura, diante de um vasto mundo de possibilidades e tomadas de decisão, soltos das correntes das falsas crenças impostas, encontra-se perdido e aceita os ditames que mais representam seus gostos moldados pela cultura vigente em que está inserido. A sociedade tornou-se reguladora dela mesma, porém, o indivíduo, ao desconhecer a si e sua própria moral, passa a regulamentar o comportamento alheio de maneira flácida, apenas para atender a efêmera demanda.

Predisposto ainda pelo medo da rechaça coletiva daqueles que abandonam o contrato social do primeiro Estado — ou a Ab-rogação Cultural —, o indivíduo se rende ao comportamento incisivo do bando, fundamentado em uma falsa ética empregada por eles mesmos ou por maus ministros que, em suma, querem a perpetuação do poder e suas pautas ativas, mas por outros meios nos quais os ritos constitucionais não interfiram. Ao se assumir o caráter de falsa dicotomia moral, o indivíduo passa a vendar-se pela ignorância imposta, seja pelas pusilânimes individuais quanto pela aceitação dos discursos demagógicos de maus ministros, a liberdade, antes aquela do indivíduo sobre si mesmo, passa a ser cerceada pela maioria, fisicamente e mental. O medo torna-se as correntes impostas pela própria sociedade que desconhece as condutas da moralidade predispostas pelo Contrato Social, pois seus governantes preferem esquecê-los na ignorância do coletivo, pois, assim, é assegurado sua déspota. A sociedade passa a se regular em direção, esperando o progresso, caminham pelo desconhecido dessa caverna escura, rodando em círculos, ocupados olhando para o chão.

A TEORIA DE TUDO SOCIAL: DEMOCRACIA LTDA

Por Ab-rogação Cultural, entende-se a cassação de indivíduos com princípios morais ou expressões que não atendem às demandas de pauta do *status quo*, pondo-os em desuso, tal qual é estabelecido pelo desconhecimento das virtudes morais massificadas e a imposição da ignorância, amplificando as instabilidades relacionais na sociedade. Embora esses grupos presumam que a moralidade da ação deve ser mensurada de acordo com o alcance da contribuição da felicidade na humanidade, relativizam o conceito de "felicidade" para adotarem um pressuposto utilitário fomentado pelos governantes como se fossem conceitos individuais. A felicidade é tão relativa quanto o conceito de Belo e isso traz à luz a necessidade de uma base ética e subjacente à defesa dos indivíduos contra a Ab-Rogação Cultural. Ao contrário da busca pela felicidade, os indivíduos devem prezar pela busca da verdade, partindo do constante questionamento à realidade empregada, principalmente nas relações sociais, nas quais as verdades não alcançam tão plenamente as verdades matemáticas. Para que um conceito seja dado como verdade social, ele precisa constantemente ser posto aos ferros da indagação e investigação, ao invés da adoção como realidade empregada, para que assim cheguemos próximos às verdades exatas.

Os adeptos à Ab-rogação Cultural deixam de ser guiados pela razão e, por sua vez, o sentimento e a crença dos falsos dogmas desempenham-se na sociedade a cultura da autorregulação moral. Acreditando estarem agindo em função do próprio discurso e garantias legais, quando, na realidade, o axioma implica numa presunçosa replicação discursiva e apego ideológico, abandonando a tecnicidade de uma pauta relevante.

O perigo da desinformação moral e nos artigos que constroem o contrato social tende tornar os indivíduos em massas ávidas pela submissão subliminar, calçando os patamares para o estabelecimento de uma falsa representatividade que se estende pela democracia por meio da ignorância imposta. A ascensão disruptiva da tecnológica e as estratégias de *marketing* contemporâneas concretizam os temores de Aristóteles acerca da corrupção da democracia, por meio, principalmente, das demagogias e falta da adequada educação política, perpetuando a ignorância imposta ministrada por aqueles que minam os direitos alheios para assegurar a expansão dos próprios.

Os sentimentos instituídos pelo estado de instinto devem ser subjugados. A sociedade civil controlando, assim, as próprias vontades selvagens, nas quais eram fomentadas pelo processo irracional da ignorância imposta, visaria, em tese, o bem dos outros indivíduos contidos na bolha social. A massa como um todo deveria regular a si por um núcleo interno. Entretanto, uma vez que esse núcleo social estivesse corrompido pelos interesses intrínsecos dos maus líderes, toda a gama social estaria comprometida a submissão da ignorância, uma vez que os líderes assumissem posturas utilitaristas acerca das necessidades do grupo e a transmissão de ralos conhecimentos sociais.

Uma sabedoria repassada sem o questionamento e juizado de valores na tese apresentada, nada mais é do que uma retórica replicada pela elite política dominante, e aqui assenta-se o risco da corrosão democrática por meio dos ideais partidários e a condensação do laconismo ideológico. A ignorância imposta passa a ser uma ferramenta de perpetuação a todas as classes abaixo da elite política parlamentar. Um grau cultural consideravelmente desenvolvido é atingido quando os indivíduos chegam a ultrapassar as ideias impostoras e supersticiosas. Nesse estágio, os esforços empíricos e metafísicos individuais, fundamentados no conhecimento pleno da informação, precisam triunfar sobre a ignorância imposta pelos maus ministros. A colocação imoral pela ignorância imposta amplifica as instabilidades relacionais na sociedade, acompanhada pela cultura da autorregulação.

Um exemplo sórdido acerca das divisões sociais no que tange à autorregulação é o controle do vocabulário exclusivo, como das chamadas culturas eruditas. O uso da língua, enquanto desenvolvimento da razão, permite a alocação de um mundo ideal ao lado do mundo externo — ferramenta fundamental para a transcrição do mundo das ideias para o mundo palpável. Em detrimento das divisões sociais, principalmente os preceitos linguísticos nas divisões regionais, estabelecem parâmetros de construções de interlocução que visa peneirar os indivíduos adeptos às suas culturas, sendo tratados com exclusividade aqueles que aderem aos discursos linguísticos sem muitas ressalvas, uma vez que se guiam pelo "gozo da estética do linguajar".

Os messias, maus políticos ou ídolos políticos julgam-se superiores, ao utilizar uma linguagem que busca refletir as visões de mundo, sem avisar as grandes massas alienadas que essas visões de mundo se limitam apenas pelo aspecto ideológico daquela cultura.

Um exemplo concreto pode ser observado quando, ao lidar com temas de relevância substancial, aqueles que se esforçam em comunicar informações de maneira especialmente cortês recorrem às linguagens eruditas — como o latim — com o intuito de cativar uma audiência especializada, aquela cujo engajamento visa direcionar em consonância com a agenda em discussão.

2.2 A autoregulação e identificação

Ao abster-se de estimular os diálogos políticos e sociais, adotando uma postura de ignorância imposta, configura-se um ambiente propício para o surgimento de crises identitárias perante as bolhas sociais, guiadas pela consolidação tecnológica das redes sociais. Nesse cenário, as agendas legítimas cedem lugar àquelas impostas pelo pragmatismo questionável de maus governantes, que se aproveitam do sensacionalismo das discussões momentâneas para mobilizar amplas massas populacionais e, possivelmente, eventuais potenciais eleitores integrados aos sistemas democráticos representativos.

À medida que se institui uma cultura de autorregulação, os indivíduos gradativamente passam perder a noção de sua própria identidade e propósito que deveria ser instituída por eles mesmos. Em vez disso, adotam os preceitos de uma bolha informacional, que passa a determinar quem são e como devem se comportar. Esse processo muitas vezes ocorre de forma sutil, sem que o indivíduo perceba que abandonou sua identidade original em favor das normas socioculturais impostas pela bolha, que passa a regular os comportamentos e crenças daqueles que a integram. A ignorância imposta implica em uma falsa reflexão de uma crença ideológica e o cativo, principalmente das massas, acerca das narrativas demagógicas.

Ao longo da história, a humanidade presenciou diversas formulações de imposições da ignorância, sediadas pela razão dos interesseiros e o afastamento da filosofia enquanto ferramenta de quebra dessa imposição, arraigada em uma simples pergunta: **por quê**?

A Igreja Católica, durante o marco da Idade das Trevas, talvez seja um dos exemplos mais emblemáticos desse fenômeno. Trazendo em um contexto contemporâneo, também merecem destaque as observações de pensadores que são enfatizados por bolhas sociais e os colocam em posições como supostos "senhores da moralidade intelectual e social", envoltos em véus ideológicos artificiais, como é o caso de Karl Marx e Friederich Engels.

A imposição dessas ideologias, enraizadas em dogmas questionáveis, contribui para a formação de um senso comum[10] com que se assemelha à concepção descrita por Platão, em sua alegoria da caverna, presente na obra

---

[10] No contexto da alegoria da caverna, Platão utiliza a expressão para se referir ao conhecimento adquirido pelas percepções sensoriais e opiniões comuns, contrastando-o com o conhecimento mais elevado obtido por meio da razão e da contemplação das ideias eternas. O senso comum, na alegoria da caverna, representa uma compreensão limitada e, muitas vezes, ilusória do mundo, em contraste com a busca da "verdade" por meio da filosofia.

A República[11]. Nesse contexto, o senso comum sugere a necessidade de um indivíduo moldado como um fantoche, cuja única função é refletir as sombras da parede da ignorância, sustentadas por uma luz distorcida no âmbito da razão. Esse processo racionalista outrora fora utilizado pela Igreja Católica, com base em seus códigos de moralidade para distinguir entre a Lei da Terra e a Lei Divina, revelando-se eventualmente como um mecanismo de controle social pelo medo e a ignorância.

Com o declínio do imperialismo católico na Idade Média e a ascensão do Liberalismo, juntamente com a adoção de modelos institucionais mais democráticos, a sociedade passou a enfrentar um dilema: a ausência de um código de moralidade preestabelecido. Surgiram lacunas que demandaram abordagens racionais para orientar as crenças e práticas sociais no cotidiano. Antes da colocação do debate acerca da ética, isso resultou na formulação de construções ideológicas relacionadas às interações sociais e à sua reformulação, em detrimento da imposição de falsas crenças por meio de uma luz enganosa, como era comum durante o período da Igreja Católica na Idade das Trevas. Apesar de diversas linhas ideológicas terem ganhado força na contemporaneidade, nenhuma foi suficientemente eficaz para ditar os rumos da sociedade se não aquele que prevê a liberdade individual, a vida, bem como seus direitos assegurados pelo Estado. As democracias fundamentadas nesses princípios deram à sociedade o livre-arbítrio para pensar e agir (desde que não cerceie a liberdade dos outros para ele).

A sociedade tornou-se livre para adotar os próprios princípios racionais e crenças, entretanto, construídas sobre o desconhecimento acerca de si mesmos. Uma vez que os indivíduos desconhecem os postulados individuais, buscam refúgio em ideologias com as quais sentem-se representados, seguros e confortáveis. O número de indivíduos que são colocados a tão estado cresce exponencialmente, uma vez que a ignorância imposta começa usufruir da ingenuidade individual e, eventualmente, das massas.

A sociedade nessa constante troca de poder possui uma ferramenta crucial para quebrar o ciclo da autorregulação incongruente: o questionamento generalizado, sem impor a desobediência civil radical ou extremista. Apesar da proeminência da resistência civil não violenta, remontando à *satyagraha*, de Mahatma Gandhi, por exemplo, é importante considerar que a confiança dele em sua doutrina de não violência frequentemente se mostrava desequilibrada, ao ser aplicada a conflitos emergentes ao redor do

---

[11] PLATÃO. *A República*. Tradução de Ciro Mioranza. São Paulo: Lafonte, 2020. p. 237.

globo. Sua persistência na "autopenalização" parecia levar seus seguidores a tomar decisões radicais dispostas ao sensacionalismo extremo do que efetivas mudanças nas instituições vigentes. A desobediência civil emerge como uma ferramenta da sociedade para resgatar plenos direitos dentro das democracias, uma vez que a ordem estabelecida está sendo gerida por aqueles que não atendem necessariamente à necessidade todos, mas de uma casta social e política, bem como as próprias demandas. Em uma cultura multifacetada, a plenitude desse regime não se consolida apenas pela ordem pragmática, mas também pela constante contestação das normas estabelecidas.

Enquanto a sociedade civil continuar aderindo pautas utilitarista de maus ministros, fomentada pelo desconhecimento de área imposta pela ignorância e adoção de ideologias artificiais, ela estará fadada a servidão de autocratas, que regulam o poder para preservação do próprio estado de conforto.

2.3 Relação quantitativa de indivíduos em um grupo e a ignorância imposta

Levando em consideração a abordagem Freudiana acerca das influências coletivas sobre o comportamento individual[12] e, em paralelo à velha alegoria da caverna de Platão, vale-se estabelecer um parâmetro analítico acerca da quantidade de membros de uma bolha social que passam pelas fases da razão, até a plena atuação inconsciente pela ignorância imposta — a alienação — por meio ainda do chamado senso comum. Este ainda não necessariamente refere-se a uma plena alienação, em vista de que a ignorância imposta estabelece um princípio que dirige a ele, mas que ainda não está em pleno contraste com a racionalidade. Isto é, a ignorância imposta aproxima do Estado de Instinto do ser humano coligado ao próprio empirismo.

Com base em premissas elaboradas por estudiosos de destaque em suas respectivas épocas, como sociólogos exemplificados por Karl Marx, que investigam a sociedade por meio do materialismo histórico, ou psicanalistas notáveis como Freud, cujo enfoque reside na compreensão da subjetividade humana, explorando princípios emocionais fundamentais e os efeitos do comportamento de grupo, é passível de estabelecer uma conexão entre a formação de grupos e a propensão inerente do ser humano à ignorância e à irracionalidade do bando.

---

[12] 12 FREUD, Sigmund. *Psicologia de Grupo e a Análise do Ego*. Leipzig, Viena e Zurique: Internationaler Psychoanalytischer Verlag, 1921.

Nesse contexto, verifica-se que, quanto maior o número de membros presentes em tribos e associações, maior se torna o potencial para a disseminação da alienação entre esses indivíduos, o que leva ao precipício da irracionalidade e abdicação da própria humanidade política. Essa relação sugere que a agregação em grupos pode muitas vezes resultar na diminuição da lucidez e da racionalidade individual, favorecendo a conformidade com ideias coletivas, frequentemente desprovidas de uma análise crítica aprofundada.

Relação Quantitativa de Indivíduos em um Grupo e a Ignorância Imposta

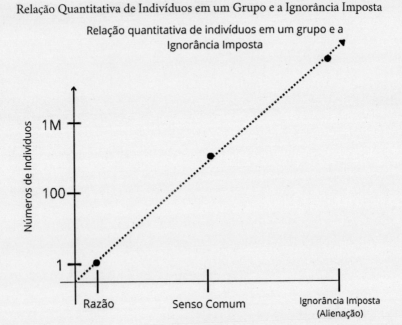

Fonte: o autor

A necessária sobriedade, tanto do indivíduo quanto da democracia, deve emanar de sua própria essência derivada das escolhas políticas individuais.

Isso passa a ser essencial para assegurar que não ocorra imposição ideológica ou que a ignorância prevaleça, devido a um apego irracional às demagogias e ao véu da ideologia. Considerando a complexidade inerente às relações políticas em uma sociedade, que, por sua vez, refletem a abstração do ser humano e seus desejos, é imperativo buscar maior racionalidade ao valorizar o individualismo parlamentar, desde que dispostos às amplas Liberdades Políticas da sociedade civil. Esse valor, quando estendido às liberdades políticas ao povo, pode proporcionar uma base sólida para a democracia.

Os partidos políticos, líderes e idealistas, frequentemente autoproclamados defensores dos direitos pessoais e do coletivismo, podem, paradoxalmente, contribuir para a imposição da ignorância nessas massas. Isso ocorre quando se afastam de questões essenciais para o progresso da sociedade, como a construção de um contrato social sólido e a administração eficaz dos direitos fundamentais. Se tanto a moralidade individual quanto as políticas públicas convergissem para um objetivo comum, alinhado com a expansão das liberdades políticas individuais, a sociedade civil estaria mais apta a influenciar de maneira impactante as políticas diretas, concentrando-se na promoção de um único objetivo: o desenvolvimento social.

Governos inadequados, liderados por governantes ineficientes, tendem a permitir que uma minoria privilegiada desfrute do conforto às custas da maioria. Em contrapartida, um governo eficiente, diretamente liderado pela maioria, se não por todos, pode promover o progresso da sociedade civil por meio de abordagens moderadas, garantindo que um número maior de cidadãos participe ativamente na busca pelo desenvolvimento coletivo a partir do individual. A longo prazo, até o mais egoísta passa a cooperar.

2.3 Os "senhores" ídolos políticos

A tendência da humanidade em simplificar a complexidade da existência muitas vezes se reflete na propensão de atribuir a terceiros uma imagem idealizada do próprio sujeito.

Esse fenômeno é frequentemente impulsionado pelo funcionamento dos chamados neurônios-espelho[13] que constroem a mente humana. Notáveis esses tipos especiais de neurônios, diga-se de passagem. Possuem a capacidade de se ativarem tanto quando um terceiro realiza uma ação quanto quando ela o observa. Esses tendem a refletir as ações e emoções dos outros, sendo um fito fundamental para compreensão da imitação, aprendizado social e até mesmo a formação dos comportamentos da raça. E daí analisemos as efemeridades sociocomportamentais das bolhas sociais e as relações políticas do mundo. Essa reação traz à tona uma vulnerabilidade intrínseca no humano, manifestando-se na necessidade de identificação e projeção em figuras da midiática, como se fossem modelos de perfeição e idealização do Ser.

---

[13] Os neurônios-espelho pressupõem o aprendizado por imitação. As sinapses são acionadas quando é observado e reproduzido o comportamento de outros seres da mesma espécie pela observação.

Essa dinâmica social, por sua vez, cria as condições ideais para a ascensão de dogmas tendenciosos e autoritários, que se beneficiam da disseminação de suas ideias diretamente da boca do povo para as urnas. Quando a raça estabelece piegas acerca de grandes mitos identitários, atrelados a ativistas políticos e sociais, tendem à subordinação dogmática que passa estabelecer um senso comum nas comunidades, dispondo à sociedade a ignorância severa daquilo o que outrora foi o alicerce do debate filosófico clássico: o questionamento ao *status quo*. Racionalismo e ordem passam vigorar em sobreposição à liberdade individual e às ações.

Compreender as leis subjacentes à dinâmica social, baseando-se em um empirismo ideológico submete as pesquisas dessa área a uma obscuridade acadêmica, cuja profundidade, muitas vezes, assemelha-se à aridez dos desertos do Saara. Por outro lado, a aplicação da violência heroica, sob a liderança de ativistas em prol das massas, em alguns casos revela a hipocrisia intrínseca a movimentos que professam ser contrários à opressão. Isso acontece porque a devoção dogmática e irracional a líderes ou ideais frequentemente é conduzida pela imposição da ignorância, que parte, ironicamente, dos próprios protagonistas desses movimentos.

Naturalmente, aqueles que se encontram sob essa influência tendenciosa, guiados por egos exacerbados e ideologias autoritárias, raramente reconhecerão suas motivações egocêntricas parlamentar. No entanto, a mídia desempenha um papel crucial em expor essas implicações tendenciosas na vida desses indivíduos, lançando luz dos holofotes sobre os comportamentos que se refletem em suas ações. Essa simplificação da visão pode levar a um fenômeno conhecido como "projeção". Como a sociedade civil, composta por meros mortais não pode ocupar a mesma posição desses ídolos, as pessoas passam a projetar suas próprias aspirações e idealizações nesses líderes, que, por sua vez, aproveitam dessa pusilanimidade das massas.

Dado que a ação humana é mediada pela política relacional e institucional, os representantes da sociedade civil frequentemente assumem uma posição dogmática de ídolos políticos. Esses ídolos são vistos como modelos a serem seguidos e protegidos, alimentados pela ignorância imposta e pelas falsas sensações utilitaristas do Estado. A sociedade civil, em uma aceitação inquestionável semelhante à busca pela sobrevivência pessoal, deixa de se questionar sobre essas figuras. Em vez disso, ela assume que os papéis desempenhados pela elite pública são fundamentais para o funcionamento do Estado, não devido à reflexão crítica e o exercício da função, mas em detrimento à ignorância imposta pelo dogma.

A TEORIA DE TUDO SOCIAL: DEMOCRACIA LTDA

De fato, as funções e a sistemática são fundamentais para a plenitude regimentar e que se note as disposições dos indivíduos que exerçam tais funções, quando guiadas pelos próprios interesses perante a uma falsa dicotomia discursiva, ao que tange à função de fato.

Os ídolos políticos se tornam modelos culturais para a perpetuação da ignorância imposta, servindo como dogmas e pilares da suposta moralidade viril. Eles buscam atender as demandas de uma bolha eleitoral que garantirá sua permanência no poder durante futuros mandatos em um sistema democrático. A ignorância imposta depende desses ídolos, que são amplamente reconhecidos pelas massas imersas na ignorância, a fim de estabelecer uma dinâmica semelhante a do senhor-escravo[14], de Georg Wilhelm Friedrich Hegel, em a *Fenomenologia do Espírito*[15].

Esses "senhores" projetam na sociedade a sensação de projeção e identificação, apostando que a sociedade se sentirá representada por uma determinada pauta eleitoreira utilitária, devido às agendas ideológicas de um político mascarado pelos discursos inclusivos.

Ora, a moralidade, bem como a concepção das ideologias podem alterar-se em virtude da toada social e o ídolo-político navegar de vento em popa para onde a imposição da ignorância possa sustentar os votos na urna. O político representante de uma democracia é tão confiável quanto um guarda-chuva furado em pé-d'água.

Embora a função inicial desses indivíduos possa ser considerada nòbre, não se pode ignorar a tendência quixotesca que essa abordagem muitas vezes assume, especialmente quando se leva em conta a erosão gradual do seu propósito original e da suposta virtude que a motivava. Com base nessa premissa, quando a democracia representativa confia amplamente na indicação pela sociedade como o principal mecanismo de seleção de seus representantes, surge uma preocupação substancial nas relações políticas e o que fundamenta as democracias.

Uma parte significativa do sistema democrático corre o risco de ser comprometida por indivíduos que, em uma analogia perspicaz, podem ser vistos como doninhas, infiltrando-se no cerne do processo político. Nesse contexto, torna-se necessário avaliar seriamente a reforma das Liberdades

---

[14] A relação senhor-escravo, proposta por Hegel, destaca a dinâmica de poder entre duas pessoas. O senhor busca reconhecimento, mas é o escravo que, ao enfrentar desafios, ganha autoconsciência. Essa luta pela valorização mútua é, segundo as hipóteses de Hegel, essencial para o desenvolvimento humano e o entendimento das relações sociais.

[15] HEGEL, G. *Fenomenologia do Espírito*. Petrópolis: Vozes, 1992. p. 126.

Políticas e sua expansão, visando ampliar a dispersão do poder, a fim de evitar que ele continue nas mãos de maus ministros indicados sob a ignorância popular.

Um sistema federativo, que resiste persistentemente à tentação da centralização excessiva e ao acúmulo desmedido de poder econômico e desenvolvimentista, representa uma abordagem mais propícia ao avanço social e ao desenvolvimento de uma nação quando confederado. Essa simplificação não capta a completa complexidade da multifacetada realidade humana, que são inerentemente ricas e diversificadas. Da mesma forma, ao abordar a questão da ignorância imposta, pode-se identificar uma dinâmica que se assemelha ao conceito hegeliano do "senhor-escravo": na dialética do "senhor-escravo", a relação entre duas partes é caracterizada por desequilíbrio de poder e dominação. O "senhor" detém o controle e a autoridade sobre o "escravo". Embora as implicações específicas dessa relação possam variar, as abordagens hegelianas desvelam um debate profundo sobre o encontro de duas mentes, um de submissão e outro de dominação até que, a partir do reconhecimento do "escravo" acerca de si para si, faça-o reconhecer sua liberdade na externalidade.

Nesse contexto, é crucial notar que o dominador depende da submissão do outro para obter o reconhecimento de sua própria existência e identidade. Sem a presença de alguém para subjugar ou controlar, o dominador perde seu propósito e acaba por se tornar submisso a si mesmo, resultando que o senhor pode ser tudo menos livre. Essa liberdade, por sua vez, está intrinsecamente relacionada ao poder de exercer controle sobre elementos externos e sua ausência acarreta uma reconfiguração significativa na dinâmica de poder e na relação entre as partes envolvidas.

No contexto da ignorância imposta, acentuada pelos senhores maus ministros, aqueles que detêm o poder, muitas vezes, impõem uma visão simplificada do mundo aos outros, negando-lhes acesso à complexidade da realidade implicada, principalmente no que tange às realidades políticas de uma nação. É criado, assim, um postulado de dominação, no qual o "senhor" do conhecimento restringe a compreensão do "escravo" ou, melhor, da sociedade civil, que se torna submisso ao populismo e demagogias, mantendo-o na ignorância.

Assim como no conceito hegeliano, os maus ministros, candidatos a representar supostamente os interesses de um povo para atender aos próprios, dependem da ignorância imposta e a adoção do ídolo para a manutenção do poder perante a sociedade geral, para, assim, sustentar o próprio ciclo de conforto. Adotam pautas populares e transformam-nas em pautas populistas que devem ser presididas em função de uma bolha eleitoreira daquele mau ministro e isso estende-se para outras bolhas partidárias que buscam somente a manutenção do próprio poder em tempos de eleição, dentro e fora da câmara, abandonando, por sua vez, a virtude dos populares e suas reivindicações.

Uma democracia representativa mina não somente a criatividade da sociedade civil, como subestima a capacidade humana de raciocinar por si, dispondo as massas a uma ignorância generalizada e presidida pela ideologia "confortista".

CAPÍTULO III –

DAS BOLHAS CONTRATUAIS

A busca incessante pela conquista da plena liberdade política desencadeia uma divisão em três esferas contratuais intimamente contidas pela política relacional, nas quais o afastamento, desde o estágio inicial, culmina na adoção progressiva da ignorância generalizada até atingir sua forma mais completa. Essas sequências de decisões têm como consequência a consolidação de representantes parlamentares tendenciosos ou líderes imorais, sinalizando o declínio de uma sociedade progressista e democrática, bem como o surgimento de uma oligarquia institucionalizada. Por fim, a terceira esfera simboliza o estado mais primitivo e arcaico do indivíduo: a selvageria ou, melhor, o estado de instinto.

O processo constituinte, em sua essência, almeja assegurar a plena liberdade e igualdade para todos os membros da sociedade civil, sem qualquer discriminação de seus agentes, isto é, toda a massa social está disposta a liberdade social. No entanto, é inegável que aqueles representantes de má-fé, que conseguem se firmar no parlamento, muitas vezes, desfrutam de Liberdades Políticas substancialmente ampliadas da social. Essas liberdades frequentemente servem aos interesses de suas agendas eleitorais, que, em última análise, podem não corresponder aos interesses individuais dos membros da sociedade civil.

As Esferas da Liberdade

Fonte: o autor

Essa disparidade exacerbada pelo amplo desconhecimento generalizado do público, em relação às dinâmicas das relações públicas e políticas trazem consigo consequências a longo prazo. Isto é, uma constituição que é moldada e regulamentada por agentes políticos indicados tende a garantir certos direitos à sociedade civil, enquanto reserva outros privilégios exclusivos à sociedade parlamentar. Tal repartição de direitos reservados gera descontentamentos e impasses na civilização, estabelecendo-se Estados Paralelos de comportamento e institucional, com novas diretrizes de interpretação subjetiva de jurisprudência. Esse novo Estado passa subjugar o primeiro, onde cria-se uma relação de instabilidade social e política entre grupos e suas demandas.

Aproveitando das fragilidades dos textos do primeiro Estado, uma hoste intermediária devassa é estabelecida de maneira tácita entre os Estados, com aqueles agentes públicos que utilizam da acessibilidade à Liberdade Política para atenuar seus interesses fugazes. Aqueles que atuam em função do próprio legalismo — e já afastando-se do primeiro Estado em direção de um paralelo — utilizam da sua influência nos moldes institucionais e asseguram seus interesses através dos lobbies políticos e partidários.

A Liberdade Selvagem, por sua vez, trata-se da adoção da irracionalidade, o afastamento das liberdades sociais e suas correlações, bem como os Estados (legítimos e ilegítimos). Ainda assim, os Estados Paralelos aproximam-se da borda que é limitada à Liberdade Selvagem, sendo retida ainda pelos ditames Tribalistas dos grupos. Esse apego aos costumes da tribo são resquícios categóricos das culturas dos Estados anteriores.

As Esferas da Liberdade Corrompida

Fonte: o autor

Em última análise, os Estados Paralelos crescem a ponto de rivalizar com a esfera da Liberdade Política e, consequentemente, oprimem a sociedade civil. Esta passa a ser mantida como refém, não apenas de um Estado com suas próprias regras regimentais e valores culturais, mas também dos excessos de um suposto Estado democrático que se corrompeu. Os indivíduos são relegados às margens da Liberdade Social, encontrando-se em uma lacuna entre os Estados opressores e um estado de suposta liberdade desenfreada.

Quando os Estados Paralelos alcançam uma posição de igualdade com o poder do Estado original, isso pode potencialmente desencadear um conflito civil. Por outro lado, diante de uma legislação permissiva, muitas vezes, elaborada por maus ministros, pode surgir uma relação de conivência mútua entre o Poder Público e o chamado "Poder Paralelo" fundamentado pelo Estado Paralelo em detrimento da sociedade civil.

Essa relação se desenvolve à medida que os poderes legislativos garantem a manutenção dos maus ministros corruptos no poder e fornecem segurança às atividades do Estado Paralelo. Como resultado, a sociedade civil acaba oprimida pelas facções e partidos que prosperam nesse ambiente de colaboração entre os Estados, enquanto seu bem-estar e liberdades individuais são negligenciados.

3.1 O sentimento de impunidade e a formação do ciclo do medo

À luz das teorias relacionadas ao conceito de Estado Paralelo, torna-se evidente que o sentimento de impunidade é agravado pela brandura da justiça em um país moderado de modo comedido, que, muitas vezes, veem a os poderes judiciários interpretando de maneira leniente os textos frágeis, redigidos pelos maus ministros. Estes últimos, ao deixarem de buscar uma aplicação rigorosa do Contrato Social, optam por preservar seus interesses pessoais em detrimento do bem-estar coletivo. Como resultado, a lei assume uma fragilidade semelhante à de uma taça de cristal, que não suporta as vicissitudes dos líquidos que a integram, podendo rachar quando pressionada a qualquer temperatura.

Quando a justiça não é efetivamente garantida por meio das leis, os indivíduos que deveriam ser orientados pelo Contrato Social passam a viver sob a ameaça imposta pelos Estados Paralelos ou de uma cleptocracia, agora administrados pelo medo incessante empregado às comunidades. Nesse cenário, os defensores da lei, isto é, a sociedade civil de fato, deixam a fé no

Estado de lado, bem como no sistema de justiça. Eles se tornam apáticos diante de casos de injustiça, motivados pelo receio das possíveis represálias dos Estados Paralelos, em relação à sua liberdade individual.

Na ausência de uma autoridade que aplique rigorosamente as leis e que possua um conhecimento sólido do sistema legal, bem como das garantias dos dircitos civis, as bolhas dos Estados Paralelos são incentivadas a operar de maneira clandestina. Nesse cenário, perpetua-se o sentimento de impunidade, uma vez que não há quem fiscalize o cumprimento das leis devidamente e assegure a proteção dos direitos civis.

O medo, pois outro nome que é dado para "falta de defesa implicada", acentua a tibieza da justiça nas democracias limitadas e geridas por maus representantes. A concepção de felicidade humana, posteirgada sobre a segurança para com as bolhas contratuais, bem como seu conforto, passa ser usufruída por aqueles com plenas Liberdade Políticas, que regulam seu bem-estar em detrimento alheio. Uma vez assim, é ampliado a desigualdade reduzindo qualquer possibilidade de universalidade das liberdades, que passam ser podadas pelos governantes.

Assim, estabelece-se um ciclo vicioso alimentado pelo medo e o receio, no qual a desconfiança em relação ao Contrato Social e à democracia representativa amplifica a sensação de insegurança dentro da sociedade, isso porque o sentimento de impunidade passa permear nas veias do organismo social. Quando os indivíduos se veem incapazes de controlar os fatores sociocomportamentais e naturais que afetam suas vidas, a falta de defesa pessoal contribui para o aumento desse medo.

É importante ressaltar que essa sensação de medo surge não apenas da percepção do que é considerado "mau", mas também da incerteza quanto aos elementos sociais e naturais do mundo.

Diagrama da caracterização do mau

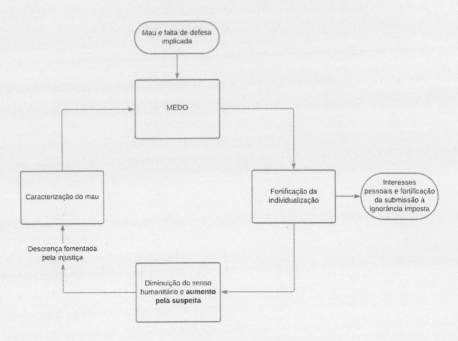

Fonte: o autor

A sociedade política, ao deixar de agir em prol da justa moderação da constituição e serem passivos ao permitir a proliferação das bolhas contratuais dos Estados Paralelos, reforça a fortificação do individualismo humano. Enquanto os indivíduos se concentram em seus interesses pessoais, que garantem sua subsistência, a ignorância imposta encontra terreno fértil para proliferar. Nesse contexto, o populismo, por meio do utilitarismo exacerbado e a falsa abnegação partidária, torna-se ferramenta eficaze para garantir votos para a classe.

Esse processo de individualização contribui para a diminuição do senso de humanidade nos grupos sociais e promove um aumento generalizado na suspeita em relação aos outros. Essa suspeita, por sua vez, expõe as raízes da formação dos Estados Paralelos, que surgem em resposta à descrença na justiça e no governo central. Desse modo, a caracterização subjetiva do mau torna-se um reflexo inconteste das sociedades dirigida pelas democracias limitadas e tal atribuição unilateral do que as bolhas entedem por mau constrói as vias do medo, que levam na primeira classe do trem a elite política,

A TEORIA DE TUDO SOCIAL: DEMOCRACIA LTDA

com o poder de definir os rumos do destino por meio das suas liberdades. A sociedade civil encontram-se encarceirados nos vagões sem iluminação, na esperança de que o maquinista esteja levando-os para a sobriedade.

O ciclo vicioso do medo assim se fecha, dispondo a sociedade civil, com poderes limitados acerca da própria contigência social sejam reféns da benevolência dos maus ministros que desconhecem a realidade do medo fora das próprias bolhas da liberdade política — afinal, eles podem definir suas próprias seguranças, seja elas jurídicas e físicas.

A Liberdade Social, em tese, acolhe não somente a Liberdade Política daqueles poucos representantes, como também dos Estados Paralelos e da sociedade civil que não se vê mais sendo representada de fato por seus governantes. Para assegurar que os Estados Paralelos não inflem em direção ao Contrato Social Constitucional — o que implicaria em uma guerra civil pela influência — e que maus ministros deixem de abusar do legalismo e da sociedade civil com a ignorância imposta, as liberdades Políticas devem ser expandidas para além dos meritocratas políticos. Expandida para os representados, a própria sociedade civil os indica. A busca pela Liberdade Política reduz os riscos do estabelecimento de um Estado Paralelo, mas não o extingue. Apenas remonta forças para combater a corrupção do coletivismo e as ambições individuais.

O consumo exacerbado e ilimitado, bem como as vontades humanas trazem à tona a força do ego, independentemente das bolhas contratuais, mas que somente com a Liberdade Coletiva, é assegurado o livre-arbítrio de fato dentro de uma sociedade. Ainda assim, somente a Liberdade Política delega aos indivíduos as livres relações e atuações no cenário político sem arbitrar o alheio. Não há liberdade no Estado de Instinto e sonegação desse indulto aproxima o indivíduo da racionalidade que só pode ser alcançado sem a intervenção de terceiros, seja por dogmas ideológicos ou representantes egoístas.

Dessa implementação da ignorância imposta pelas fortes lideranças que a fomentação da lealdade à pátria, por exemplo, estabelece uma crença política — não mais a utilização da razão para a defesa da justiça social ou do povo, mas para a manutenção do poder dos maus ministros — ascendendo os interesses nacionalistas como o cerne da diplomacia política. Acentuando ao povo uma identidade coletiva, promovida pelo apego irracional e à nova fé dogmática ou ideológica, a tirania das massas se estabelece. Eventualmente, o uso da violência passa ser relativizada, os meios justificando os fins de uma tirania sem limites.

Se o Contrato Social, por sua vez, redigido pela sociedade civil livre, estabelecendo os ditames regimentais da própria cultura, não existem limites para a fundação de um regime estável que parta da própria sociedade. Para isso, cada indivíduo deve ser soberano, com suas liberdades políticas diretas preservadas.

CAPÍTULO IV

DA RELAÇÃO PARTIDÁRIA

Naturalmente, o ser humano, como um animal social, tem uma propensão inata para se agrupar desde o momento em que nasce. Essa tendência é impulsionada pela necessidade primordial de autopreservação. Ao longo da evolução, o homem desenvolveu relações sociais e se submeteu às normas Tribalistas que regem essas interações. Cada grupo de indivíduos se forma a partir do reconhecimento de necessidades comuns ou de um conjunto compartilhado de valores que visam contribuir para o bem-estar da tribo. Esse processo começa nas famílias, expande-se para formar bandos culturais e, finalmente, culmina na criação de partidos políticos que representam as bolhas políticas da sociedade. A relação partidária é, em essência, a expressão política da coesão dos bandos culturais e, em um contexto político, representados no parlamento por indivíduos, acobertados pelas virtudes dos reformadores e legisladores.

Essa dinâmica revela a natureza intrínseca do ser humano em busca da autopreservação do poder, sua manutenção e regulamentação. Agora, por meio do Estado, essa necessidade alimenta o ego ou o Estado de Instinto, à medida que indivíduos buscam realizar suas ambições políticas e partidárias. Em *O Príncipe*[16], Nicolau Maquiavel elaborou teorias sobre o uso dessa fraqueza humana, a falta de individualidade, como uma ferramenta de persuasão para governar uma sociedade. Porém, talvez ele não tenha vivido suficiente para ver pequenos grupos detentores do poder, estabelecidos pelo oligopólio partidário e seus caciques, utilizarem dessa fraqueza.

A relação partidária, quando dominada por maus ministros, torna-se sinônimo de ineficácia política social, mas forte aliado ao que define a preservação plena da Liberdade Política daqueles que já assumem suas cadeiras. Os partidos políticos passam a se assemelhar a clubes recreativos, nos quais todos são bem-vindos, mas a área exclusiva é reservada para os supostos

---

[16] MAQUIAVEL, Nicolau. *O Príncipe*. São Paulo: Camelot Editora, 2022. p. 57.

virtuosos, que aproveitam a ingenuidade da sociedade para consolidar seu poder. Afinal, quais são os critérios que legitimam os maus ministros perante as convenções sociais e as escolhas feitas pelas massas, senão uma excepcional habilidade do marketeiro?

A popularidade move as massas por meio da ignorância do animal coletivo, que busca seus próprios interesses eleitorais e partidários. As ideias disseminadas pelos partidos políticos são, muitas vezes, meras retóricas dos dominantes para garantir sua presença no parlamento, fugindo do postulado da realidade civil.

Partindo do pressuposto de que o indivíduo, por medo do isolamento, reúne-se em grupos e partidos para garantir sua sobrevivência, fica claro que alguns maus ministros, guiados pelo ego, atuam em busca de poder e status, afastando-se da lógica e da moralidade. Isso permite que o estado de instinto, caracterizado pela irracionalidade e pela emoção baseada no ego, prevaleça.

A democracia representativa, que deveria ser um meio de ampliar as liberdades individuais em prol do desenvolvimento coletivo no parlamento, muitas vezes, torna-se uma ferramenta para a elite política garantir sua segurança financeira. O afastamento do indivíduo em relação à lógica e à moralidade permite que o estado de instinto prevaleça, alimentando o ego e as ambições pessoais. Nesse cenário, a democracia representativa se torna uma mera encenação, impulsionada por discursos demagógicos e ideológicos, que levam à adoração cega, em vez do pensamento crítico. A relação partidária tende a corroer seus seguidores, transformando-os em massa de manobra para garantir a permanência dos maus representantes no poder.

À medida que os legalismos partidários se consolidam e os representantes se tornam desleais à sociedade, uma luta por mais segurança no poder se desencadeia. Os partidos políticos, com representantes suscetíveis à corrupção, começam a se desenvolver dentro de si mesmos, como um câncer que se espalha. Diferentes partidos, com naturezas distintas, competem pela contingência e soberania do poder no parlamento, direta ou indiretamente. O risco de uma tirania das massas emergir e travar uma guerra de representatividade no congresso revela os verdadeiros interesses dos partidaristas: manter regalias e atender às demandas que garantirão suas cadeiras nas próximas eleições. No entanto, o perigo da tirania da maioria, especialmente quando não há limitações em vigor para garantir a pluralidade democrática no parlamento, leva os partidos a adotarem uma postura de falsa benevolência em nome da sociedade, mesmo que o coletivo não se sinta verdadeiramente representado por eles. Partidos soberanos tendem a reprimir as minorias, mesmo em governos legítimos.

Um representante político que se guia apenas pela popularidade da pauta em busca de segurança no parlamento acaba não atendendo às demandas individuais e às nuances da sociedade. Apenas o indivíduo, ao tomar decisões com base em suas próprias necessidades e interesses, pode verdadeiramente determinar o que é melhor para si. Um partido político deixa de ser relevante quando deixa de representar uma parcela significativa da população, perdendo sua capacidade de se sustentar a longo prazo. Por sua vez, setores partidários ideológicos constituem suas permanências na administração legislativa de maneira autoritária, minando quaisquer oposições de modo constitucional, o que não abre espaço para questionamentos. Contudo, maus ministros que constituem esses partidos veem as liberdades políticas como fervorosas e benéficas para sua subsistência, de modo que o pragmatismo vence a ideologia, e o indivíduo se vê não mais guiado pela pauta racionalista, mas egocentrista para o exercício do próprio poder que garantirá a permanência no luxo da classe.

Os discursos mais agressivos tendem a necessitar de um opositor supostamente pior, um vilão para que as justificativas de incoerência ou desvio de caráter do poder público seja justificado sem questionamento. Partindo desse paradigma, os partidos passam a adotar um *modus operandi* de atuação interna para que o pragmatismo não sobreponha a ideologia. As dissonâncias internas são mais combatidas do que os inimigos externos, que, por sua vez, são mais combatidos na prática. Ambos os cenários tendem a corroer a democracia representativa igualmente, uma vez que a adoção do messianismo nas sociedades civis com a promulgação de ídolos-políticos submissos à ideologia aborda do utilitarismo do populismo econômico e das pautas de relevância social. Sem ter quem conteste pela imposição da ignorância, a sociedade se dispõe de regimes autocráticos, ministrados pelos desleais. Os partidos assumem uma postura de justiceiros da sociedade, mesmo que essa postura demagógica signifique uma ruptura institucional, e passam a não se submeter às regras regimentais de outros parlamentares. Esse gradativo processo de corrosão democrática acabaria, por exemplo, com o judiciário sendo assumido pelos "ativistas do povo", garantindo, assim, segurança e justiça para um regime autocrático, dissolvendo-se em um autoritarismo. Um Estado nesses parâmetros facilmente se tornaria um veículo de injustiças, quando os cidadãos, guiados pela ignorância, concordam passivos com as coerções dos poderes e a presença dos idealistas políticos avoados, assumindo um manto de defensoria dos direitos das pessoas e liberdades das massas, principalmente das minorias sendo utilizadas como ferramentas de manobra política. O incentivo ao autoquestionamento deve ser preservado para que seja estabelecido uma sociedade justa.

Sendo assim, é a expansão das liberdades individuais e a crescente presença da sociedade civil no cenário político que impulsionam não apenas a evolução das democracias, mas também o respeito pela dignidade intrínseca da sociedade como um todo. O indivíduo é moldado pelo contexto cultural e social, e a aquisição da liberdade política dentro dos limites da lei permite que ele expanda suas próprias liberdades e deveres, enfatizando o respeito mútuo e a valorização da dignidade de todos ao seu redor.

Essas ideias sobre a natureza humana, a política e a democracia têm raízes profundas na filosofia política e social de muitos pensadores influentes ao longo da história.

Jean-Jacques Rousseau, por exemplo, abordou a questão da natureza humana e a formação das sociedades em sua obra *Do Contrato Social*[17]. Ele argumentou que, na sua forma natural, o ser humano é bom, mas a sociedade corrompe essa bondade inata. Ele destacou a importância de um contrato social voluntário entre os indivíduos para preservar a liberdade e a igualdade na sociedade.

John Stuart Mill, em seu trabalho *Sobre a Liberdade*18, enfatizou a importância da liberdade individual na democracia. Ele argumentou que a sociedade deve permitir o máximo de liberdade possível para os indivíduos, desde que essa liberdade não prejudique os outros. Isso se relaciona diretamente com a ideia de que somente o indivíduo pode determinar o que é melhor para si, desde que respeite os limites da lei. Karl Marx, por sua vez, analisou as dinâmicas de classe na sociedade em sua obra O Manifesto Comunista19. Ele argumentou que a estrutura de classe e as divisões econômicas moldam a política e a democracia. Marx destacou a necessidade de uma revolução para superar a opressão das classes dominantes.

Isaiah Berlin introduziu a distinção entre liberdade positiva e liberdade negativa em seu ensaio *Dois Conceitos de Liberdade*. A liberdade positiva envolve a capacidade de agir de acordo com a própria vontade, enquanto

---

[17] ROUSSEAU, Jean-Jacques. *Do Contrato Social*: Ensaio sobre a origem das línguas. Porto Alegre: 1973. p. 28.

[18] MILL, John Stuart. *Da Liberdade*. Tradução de E. Jacy Monteiro. Brasil: Ibrasa, 1963. p. 11.

[19] MARX, Karl. *O Manifesto Comunista*. São Paulo: Paz & Terra, 2008.

A TEORIA DE TUDO SOCIAL: DEMOCRACIA LTDA

a liberdade negativa se refere à ausência de interferência externa[20]. Essa distinção pode ser aplicada ao debate sobre democracia e representação, destacando a importância de garantir que os indivíduos tenham não apenas o direito de escolher seus representantes, mas também a capacidade de influenciar as decisões políticas.

John Rawls, em *Uma Teoria da Justiça*, desenvolveu a ideia do véu da ignorância, que propõe que as regras da sociedade devem ser estabelecidas sem o conhecimento das posições sociais e econômicas dos indivíduos. Isso visa garantir a equidade na distribuição de recursos e oportunidades na democracia[21].

Esses pensadores e suas ideias contribuem para uma compreensão mais profunda da política, da democracia e das complexas relações entre indivíduos e sociedade. À medida que exploramos essas ideias, é evidente que a democracia não é um sistema estático, mas, sim, um processo em constante evolução, moldado pela interação entre a natureza humana, as estruturas políticas e os valores sociais. É nosso desafio contínuo refletir sobre esses conceitos e buscar uma democracia que promova tanto a liberdade individual quanto o bem-estar coletivo.

4.1 Os lobos dos lobbys

O lobby[22] empresarial da alta casta nas repúblicas representativas se revela como um fator adicional que contribui para a erosão das bases democráticas e sociais, principalmente no que tange aos poderes de moderação da lei. Isso ocorre à medida que os atores mais influentes, tanto em termos de recursos financeiros quanto de poder político, buscam utilizar sua presença nos corpos legislativos para promover seus interesses, tornando-se, assim, um ponto de desgaste no contrato social. Essa dinâmica evidencia a estreita relação entre o Estado e a economia, uma vez que o próprio Estado é composto pelos agentes econômicos da sociedade. Contudo, a abundância monetária dos grandes pernósticos lobbystas dispõe menores empreendedores às injustas concorrências nos mercados, uma vez que suas presenças legislativas são distintas, em função das oportunidades ou capacidades.

Embora o conceito de virtude acerca dos governantes ou lideranças seja relativo na modernidade, e não mais atrelado às características funda-

---

[20] BERLIN, Isaiah. *Two concepts of liberty*, England: Oxfor University press, 1969. p. 3.

[21] RAWLS, John. *Uma Teoria da Justiça*. São Paulo: Martins Fontes, 2000. p. 16.

[22] Grupo de pressão ou uma organização que busca influenciar as decisões políticas, legislativas ou regulamentações em favor de interesses específicos. Os lobbies podem ser formados por grupos de interesses, sindicatos, empresas privadas ou organizações sem fins lucrativos.

mentalistas, ao adotá-lo como um postulado para o desenvolvimento dessa síntese no que tange à sociedade civil, podemos afiançar que uma nação economicamente próspera é construída com base nas virtudes desses cidadãos individuais que são trabalhadores e produtivos, o que, por sua vez, reflete a moral de um povo. Essa prosperidade não se fundamenta necessariamente nas características de um governante ou empresário da alta casta, uma vez que o poder emana do povo e as virtudes do legislador refletem as vontades e virtudes da sociedade civil que o elegeu e, em paralelo, maus empresários buscarão continuamente o lucro. O empreendedor que se compromete com a promoção do bem comum, seja por meio do estímulo ao crescimento econômico de seu setor ou do desenvolvimento de tecnologias inovadoras, transcende não apenas a noção de virtude daqueles indivíduos criativos, mas também se torna um criador de utilidade marginal para a população em geral.

Entretanto, quando a autoridade legislativa passa a ser influenciada de maneira excessiva pela elite empresarial das corporações nacionais, com intervenções que afetam as disposições dos contratos sociais relacionados às atividades econômicas, seja em prol de um grupo restrito ou com o objetivo de atenuar possíveis prejuízos econômicos para essa elite, o Estado se transforma no árbitro do contrato social, entre empresariado do interesse e o poder moderador. Essa transformação se sujeita aos interesses econômicos e partidários em detrimento da verdadeira representação democrática em sistemas de república representativa. Nesse contexto, os lobbystas e indivíduos mal-intencionados provenientes da sociedade civil passam a liderar uma oligarquia que prioriza seus próprios interesses em detrimento das necessidades da população em geral.

Nos mercados livres, a previsão da demanda por moeda pode ser realizada por meio da análise dos comportamentos individuais. No entanto, durante períodos de crises econômicas, o aumento dos gastos públicos não é capaz de reduzir o desemprego a níveis inferiores à sua taxa natural sem provocar a inflação, o que, por conseguinte, compromete a eficácia do sistema econômico e deve ser evitado. A gestão da oferta de moeda, quando está sob o controle governamental e influenciada por interesses de grupos de pressão, submete a sociedade civil à instabilidades no mercado, embora possa ser vantajosa para certos setores, especialmente a classe empresarial. Um crescimento moderado e consistente na quantidade de moeda é necessário para manter a inflação em níveis baixos. Os dirigentes políticos devem se restringir à regulação da oferta de moeda, enquanto as atividades legislativas devem ser protegidas contra a influência excessiva de grupos de pressão empresariais.

CAPÍTULO V

A ÁRVORE DA POLITEIA

Fonte: o autor

Pela história das sociedades políticas, as marcas dos episódios de repressões prolongavam a liberdade individual e coletiva, remontando ao surgimento das relações públicas e o estabelecimento das cadeias estruturais dos povos. Grupos minoritários ainda tendem a ser vítimas das políticas públicas brandas e utilitaristas de governo repressivos ou supostamente democráticos. Em contrapartida, enquanto indivíduos que buscam o conhecimento e a razão além dos dogmas, por vezes, enfrentam o silenciamento por aquele que deixam de emergir do questionamento da realidade empregada nos abusos de autoridade.

Torna-se imperativo reconhecer que a essência da condição humana, da filosofia e de toda a sensopercepção da realidade caracteriza-se intrinsecamente pelo caos. A busca por estruturas ordenadas representa uma faceta intrínseca à natureza humana, com o intuito de conter a perpetuação desse caos nas interações sociais até mediadas pelas instituições que traduzem nossas corriqueiras relações individuais e coletivas. A apreensão da perda de controle perante a desordem assombra as entidades governamentais, uma vez que não somente contraria esse modelo utilitário e corrosivo, mas também ameaça sua perpetuação, promovendo a possibilidade de serem destituídas de suas funções e substituídas por um estado de "desordem coletiva", assim como pela ordem política individualista, não amálgama, mas, sim, pela liberdade coletiva.

Realizaremos uma análise reflexiva do tópico em questão: se a natureza intrínseca do ser humano é inerentemente má, então, sua virtuosidade é uma construção artificial, inerente ao condicionamento estabelecido pelo contrato social. Em diversas circunstâncias, quando um indivíduo se encontra em um estado de calamidade no qual é necessário adotar um comportamento distinto para superar adversidades, a adaptação contextual se torna imperativa. No entanto, se partirmos do pressuposto de que o ser humano é inerentemente mau, egoísta e propenso à violência, sendo sua natureza pacificada pelo contrato social, é possível argumentar que não apenas o próprio ser, mas também as virtudes, essências e noções de justiça se encontram submetidas a uma artificialização. Nesse cenário, a sociedade se converte em uma simulação que diverge substancialmente dos princípios estabelecidos no contrato social, uma vez que ela é regida por aqueles que supostamente representam as idiossincrasias humanas de seus representados, mas, quando disposto ainda às relações políticas do Estado, tornam-se propensos a corromper o contrato. É importante ressaltar que, se o texto estiver sendo elaborado por agentes do governo ou ministros indicados, ele se torna susceptível às instabilidades e eventuais desvios morais de indivíduos não idôneos que ocupam tais posições. O cerne do contrato social reside na fonte primordial de justiça e prosperidade para o indivíduo e essa premissa é de vital importância para a compreensão da dinâmica social e política.

O ser humano, enquanto um produto inerente da própria natureza, carrega consigo a semente do caos. Tendemos acreditar que o caos e a ordem são opostos pelas convenções sociais que estruturam as bolhas sociais bem como seus ditames. A sociedade exerce, desde o momento de seu nascimento, uma influência moldadora destinada a conter a disseminação desse caos inerente. A Constituição, como o primeiro contrato ao qual somos submetidos, ainda que sem um consentimento direto individual, apresenta uma parcimônia peculiar ambivalentes a esse estado. Idealmente, um contrato deve ser considerado válido somente quando ambas as partes envolvidas expressam seu consentimento. Isso levanta indagações cruciais a respeito das restrições impostas aos indivíduos que desejam emendar ou revisar os termos desse contrato, bem como suas cláusulas. Em vez de depender unicamente da benevolência dos representantes que atuam no parlamento como reguladores, a necessidade de refletir sobre o acesso a esse pacto fundamental torna-se evidente.

Nesse contexto, o cerne das liberdades políticas individuais se relaciona com a capacidade dos indivíduos de participarem ativamente no processo de revisão e renegociação dos contratos sociais que regem suas devidas vidas. Isso é particularmente relevante em sistemas democráticos, nos quais a voz e a agência dos cidadãos são fundamentais para garantir que as estruturas de poder não arbitrem os direitos individuais e que essas garantias bem como o direito associativo coletivo sejam efetivamente protegidos de modo significativo.

Assim como uma árvore, o Estado é fundamentado pelas raízes do imperativo categórico, códigos de ética, constitucionalismo e o republicanismo. A democracia, por sua vez, dos troncos aos galhos, passa ser podada para que as copas das árvores não sujem o chão do elitismo público, porém, ao fazer isso, permite o florescer dos ramos. Logo, essa árvore nunca dará frutos.

A natureza quer se libertar em caos. A democracia não deve ser limitada pelos jardineiros que podam seus galhos, impedindo o crescimento justo e abundante, a fim de evitar que suje as calçadas dessa elite que logo teriam que limpá-lo. Para ser justo, a democracia deve ser cultivada para que essa árvore cresça segura e saudável. Frutos podres são naturais, porém, quanto mais frutas saudáveis e fortes, menores as chances da infecção por parasitas.

A concepção de democracia direta, chamada aqui como "policracia", parte do princípio de manter a vitalidade de todas as folhas do sistema, a fim de evitar qualquer forma de supressão, garantindo que cada uma delas tenha igual direito de disseminar seus frutos e sementes. Ideias e soluções para a sociedade civil. Essa perspectiva equipara essas vozes à autonomia do jardineiro, que opta por sustentar certos galhos em busca de eficiência na limpeza do jardim e o cultivo daquilo que o beneficiará. O cerne das crises não está meramente na insuficiência da representatividade da sociedade civil em geral, que frequentemente cede lugar a interesses pessoais ou partidários, mas reside também na maneira como uma república representativa, ao longo do tempo, pode involuntariamente nutrir uma oligarquia, culminando na erosão progressiva, pela corrupção e pela ascensão de ministros iníquos, que conduzem indiretamente à tirania partidária e de seus lobbies.

Ora, se o governo deve ser administrado somente pelos dignificados, instruídos ou aqueles com maior popularidade e sem apreço ao progresso para um povo, a própria sociedade civil deveria ter a liberdade de posicionar-se no front dos debates de relevância individual, de maneira individualista, agora não mais podados pela oligarquia contingente dos maus representantes. É inexistente a plena liberdade para o exercício democrático e direta se os representantes votam indiretamente em função de uma massa eleitoreira, isto é, aqueles que garantirão o exercício da sua função. A abdicação dos direitos políticos diretos, terceirizando-os para um representante, torna-se sinônimo de abdicação da própria liberdade política, uma vez que os maus ministros manterão a manutenção da ignorância imposta e seus cargos. Por outro lado, a sociedade civil torna-se refém de maus representantes, não mais coligado à democracia plena e direta, e, sim, um estado limitado dela.

A liberdade política direta representa aqui um direito inalienável do ser humano, decorrente de seu estado de natureza enquanto ser político. Esse direito garante a cada indivíduo a prerrogativa de se envolver pessoalmente na tomada de decisões políticas e na direção do Estado ao qual está vinculado. A popularidade dos representantes, discorrido pela falta de conhecimento detalhado das disposições constitucionais da sociedade civil, pode dar origem a desequilíbrios democráticos. Nesse cenário, as ações dos representantes eleitos nem sempre refletem a vontade coletiva dos representados, mas, sim, frequentemente, servem aos interesses pessoais desses que exercem a função. O órgão legislativo assume, assim, a natureza de um cartel oligárquico, enquanto a sociedade se torna refém da boa-fé dos maus administradores.

Para estabelecer um equilíbrio em contrariedade à posse em função da popularidade, o povo, de modo geral, deve possuir o direito de atuar diretamente na política, resguardado ainda pela informação e conhecimento das políticas públicas. O sistema precisa ser expandido da base para cima, contudo, as decisões coletivas, sob o risco da tirania das massas, devem ser subjugadas. O individualismo blinda o uso da razão e tende a menor alienação das massas pela ignorância, em salva ocasiões.

O progresso de uma sociedade vem da engenhosidade de seus componentes livres. Assim como o livre mercado fomentou o desenvolvimentismo da humanidade, da tecnologia e das ciências, uma livre política permitiria o mesmo? Os governos são úteis, mas as extensivas abordagens dos democratas indicados refletem frequentemente as injustiças, em contraposição a um progressismo dos seus representados. Permite uma sociedade se desenvolver abertamente no contexto político e nota-se que, de fato, a síntese de pensamento, no ensaio de Henry David Thoreau, vem a lume como o melhor governo é aquele que não governa.[23]

O ato de registro eleitoral não reflete necessariamente, em termos de democracia, a vontade geral. Inclusive, por ser ferramenta de descontentamento de grupos com relação ao cenário político, as urnas refletem as vontades de uma parcela da população, em função das menores. O indivíduo deve fazer mais do que apenas registrar seu protesto à elite política pública, e um senso de justiça natural dar-se-á por ações diretas da sociedade civil.

Os cunhos políticos partidários ganham forças dos algozes ideológicos e assumem posturas de representatividade minoritária no parlamento. Para além disso, ao se renderem aos ditames localizados das bolhas ou à manutenção do poder, atuam em função do racionalismo e noções abstratas da justiça social. A política racionalista baseia-se na ideologia e noções subjetivas, engajando na soberania e totalitarismo de uma nova ordem sistemática, corroboram, assim, com a permanência dos maus ministros em seus devidos cargos. Não mais atuando em detrimento de um povo, mas na autopreservação e promoção. A política racionalista, que busca prezar pela atividade partidária e de líderes congressistas, subjuga a sociedade civil e passa ser notada como animais de manobra política, não pertencentes a um governo parlamentar pleno e direto, que busca expandir as liberdades políticas dos indivíduos na sociedade, mas massas eleitoreiras.

A política institucional, enquanto arte de unir as pessoas e de governar o desenvolvimentismo de um povo, existira por gerações, reformada por séculos na experiência histórica, desde a Politeia até as tiranias autoritárias, que mina os indivíduos e suas capacidades, como o fascismo e comunismo. Diante do avanço tecnológico e geracional, a sociedade tende a clamar por maiores presenças e reformas diretas nas políticas públicas.

---

[23] THOREAU, Henry David. *Civil Disobedience*. Edição de Derek Miller. New York: Cavendish Square Publishing, LLC, 2017.

CAPÍTULO VI

DO CONTRATO, DIREITOS E DEVERES

Divergindo-me dos preceitos de pensadores clássicos como Rousseau[24], Hobbes[25] e Locke[26], concebo uma perspectiva distinta no que tange à análise das massas e às interações sociais, bem como ao próprio contrato social. As discussões em torno das liberdades individuais e do papel das constituições perante a sociedade surgem como tópicos de longa data, tendo, em épocas pretéritas, constituído a base formal sobre a qual foram erguidas as principais argumentações que ainda ecoam em nossas instituições modernas e nos palcos dos infames debates sociais. Apesar de todas essas perscrutações ao longo da história, o contrato social não se revelou como uma solução universal, com pleno consentimento popular, quando conhecido os termos, e as discussões atuais inclinam-se em sujeitá-lo à relativização, dispondo-o em segundo plano em relação às discussões, muitas das quais tendem a refletir abordagens fugazes ou de natureza utilitária das ciências sociais.

Frente ao conceito de uma condição influenciado pelos impulsos primitivos — Estado de Instinto — regida pelo ego e amedrontado por diversas incertezas, bem como pela preocupação inerente à autopreservação, o indivíduo tende a se inclinar para um tipo de cooperação irracional com aqueles que compartilham de visões empíricas ou características tais, assemelhando-se em certos aspectos comportamentais à criaturas verdadeiramente alógica e territorial, como uma espécie de cultura de leões ou, de fato, o que refere-se a um efeito de manada. Esse padrão de comportamento tende a conduzir o indivíduo a um estilo de vida marcado por retrocessos, selvageria primitiva e perigo, quando confrontado com as influências desse Estado de Instinto, agora dispondo à coletivização do ego.

O processo constitucionalista, inserido no âmbito da construção de princípios fundamentais e leis que regem uma nação e suas instituições,

---

[24] ROUSSEAU, 1973, p. 37.

[25] HOBBES, Thomas. *Leviatã*. São Paulo: Abril, 1974. p. 108.

[26] LOCKE, John. *Segundo tratado sobre o governo*. São Paulo: Abril, 1973. p. 86.

desempenha um papel fundamental na garantia das liberdades e igualdades civis perante o contrato. Dessa forma, atua como uma antítese eficaz contra o Estado de Instinto, nascendo, assim, a síntese das filosofias constitucionalistas pautadas pelas filosofias que solidificam os princípios da justiça. Por conseguinte, se considerarmos a liberdade individual de atuação como sinônimo do direito à própria vida, é inegável que a verdadeira liberdade não pode existir se um indivíduo, fora dos princípios do contrato, passe a tolher a liberdade de outrem. Em contrapartida, a busca por igualdades materiais apresenta diretrizes de inocuidades, com abordagens muitas vezes subjetivas, altamente abstratas e complexas, especialmente no que se refere às capacidades de posse e sustentação até o direito individual de adquirir certos bens materiais ou de portá-los. A imposição de limites rígidos sobre tais questões poderia, potencialmente, conduzir a uma estagnação, devido a um planejamento central excessivo na sociedade.

Diferentemente do que tange aos pensamentos de Rousseau e ao Estado de Natureza[27], o ser humano em tal disposição não é uma pessoa satisfeita e feliz e que fora corrompido pela propriedade privada e seus sucessores foram postos a ferros pela injusta causa. Afinal, um leão deixa de ser uma criatura selvagem, que caça e mata para atender ao estado de autopreservação, mesmo em cativeiro? O humano disposto ao coletivo é um leão na jaula com seu bando, onde o que se preza é a "lei da selva", quando colocado uma suposta ameaça à integridade da tribo.

Sustentar que a emergência do ser humano na Terra resulta da necessidade intrínseca de perpetuar a continuidade da existência do próprio Ser, independentemente do acaso ou não, traduz a parcimônia da apelação da raça pela existência contínua do Ser. O homem, de fato, é, em sua essência, moldado por sua natureza instintiva, sua ingenuidade e sua irracionalidade, até que sua episteme[28] fosse posta às experiências. Os primeiros desdobramentos do imperativo categórico e dos princípios éticos ganham relevância ampliada nos estágios iniciais dos contatos sociais de um indivíduo, sobretudo no âmbito dos primeiros grupos sociais da primeira infância, prontamente diante de um estado inicial de ingenuidade e menor desenvolvimento cog-

---

[27] Condição hipotética em que a sociedade se portaria antes dos governos organizados e as associações políticas ou do Estado. Jean-Jacques Rousseau tratava essa condição como um estado de harmonia pleno, mas que fora corrompido pela propriedade privada. Thomas Hobbes, por sua vez, trata o Estado de Natureza como um estado de constante conflito social e guerra.

[28] Epistemologia é um conjunto de conhecimento que tem por objeto o conhecimento científico, visando explicar os seus condicionamentos, sistematizar as suas relações, esclarecer os vínculos e avaliar os resultados e aplicações.

nitivo. Esses aspectos amplificam o alicerce da essência do ser humano, ressaltando o egocentrismo exacerbado e a necessidade intrínseca de manter a mente ativa e a carne viva, pulsando com vitalidade. Não me espantaria se homens buscassem a eternidade para si, utilizando-se de métodos dissolutos na modernidade para perpetuar seu próprio ser.

Os conservadores, por sua vez, referem-se ao conceito de Pacto Geracional como uma relação temporal entre diferentes gerações da história humana semelhantes a essa prospecção pela posterioridade da existência, bem como as culturas e tradições, visando a preservação dos avanços conquistados no presente sem comprometer o bem-estar futuro. Isso, em teoria, garante o progresso contínuo da comunidade vigente, bem como suas culturas e traços, prezando-se pela aplicação das sínteses históricas daquilo que perdura o progressismo. Embora o conservadorismo não promova mudanças radicais no contexto vigente — inclusive, por contradizer os princípios dessa vertente ideológica —, os usos indevidos e oportunistas por parte de falsos conservadores e líderes políticos populistas, que exploram essas narrativas em nome da própria preservação, têm levado a uma interpretação amplamente relativa e equivocada do conceito.

Na contemporaneidade, o conservadorismo[29] perdura frequentemente à associação de figuras tirânicas dos séculos XIX e XX, assim como a líderes populistas em contextos democráticos modernos. A conotação do termo tornou-se relativa, à medida que sua utilização política se expandiu e se diversificou, muitas vezes longe do conceito original que visava a preservação responsável da herança cultural e progresso intergeracional. Falsos conservadores passam a atentar contra as instituições democráticas vigentes, prezando pelo ativismo de uma tendenciosa causa, que busque promover a si mesmos. O apelo radical pela alçada do poder imediato, promovendo uma alteração abrupta nos moldes políticos e regimentais, não somente contradiz os próprios princípios do conservadorismo, como tende a reiniciar o ciclo da tirania da maioria e promover a cascata da corrupção.

A democracia representativa tende à falha, ainda porventura do atendimento das demandas do *status quo*, com políticas de governos que passam assumir caráter populista e garantia de permanência nos poderes via eleitoral. As mudanças feitas em um período não atenderão necessariamente as gerações seguintes, que precisam esperar pela benevolência dos velhos lobos burocratas atenderem às demasiadas mudanças na legislação.

---

[29] Posição política que se opõe a mudanças radicais na sociedade.

A política precisa preservar os direitos básicos de modo intergeracional, bem como os direitos da participação plena na política, em especial para as gerações seguintes a tal conquista de espaço. Os nascidos naqueles períodos de controvérsias, ao disporem-se epistemologicamente às vicissitudes do cenário, compreendem as efemérides sociais e atuam para plena atividade na cobertura das mudanças necessárias.

Optarei pelo termo "culturismo" em minha exposição como uma síntese do conservadorismo e o contrato social. Afinal, ao "conservar", pressupõem-se a permanência do estado atual de uma cultura e mudanças abruptas são condenáveis, enquanto o "culturismo" permite o florescimento e o desenvolvimento, sem que haja a necessidade de abandonar as raízes que fundamentam o tecido cultural de uma bolha concomitante aos novos excêntricos. Dessa forma, preserva-se e cultiva-se a identidade cultural dos indivíduos e suas disposições sociai, assim, abrindo espaço para a diversidade de ideias com nichos multifacetados, prosperando e florescendo os novas ideais e experiências, que possam sugerir novos rumos para vivência humana ou surgir ainda como uma antítese de uma ideia anteriormente desaprovada pelas implicações da realidade.

Os seres humanos dependem uns dos outros para sua subsistência e, com o tempo, transformam-se em agentes sociais e políticos. Em suma, a relação entre indivíduos, tendendo pelo benefício de ambas as partes pressupõe uma relação política primária intrínseca. O indivíduo, ao participar ativamente das políticas públicas, torna-se o melhor guardião de seu próprio ser e do contrato social, habilitando-se a influenciar o rumo de sua vida e a maneira como impacta as metas que estabelece por si e para si.

De modo geral, as diferenças nos modelos sociais entre diferentes comunidades, além dos fatores socioculturais moldados pelas peculiaridades locais, residem na capacidade de resiliência que os indivíduos desenvolvem para superar os ferros e, ao mesmo tempo, evitar que esses prejudiquem as futuras gerações. Assim, atribui-se à Liberdade Social um papel central na construção de uma relação geracional saudável e na participação individual no parlamento como um meio para alcançar esse objetivo, dessa vez, diante da Liberdade Política dos indivíduos. Em uma conjectura social, a lei, além de universalizada e consentida, deve prezar pelo desenvolvimento de um povo.

Quem melhor para decidir como evitar os ferros, se não aqueles que foram postos a tal? Sobre o progressismo ante ao "instintivismo" — natureza instintiva — e o coletivismo, a diminuição das efêmeras demandas egoístas de maus líderes presumem a plenitude do desenvolvimento político e social de um povo.

Expanda as Liberdades Políticas para que o povo extinga os ferros que outrora açoitaram as costas da nação e as amarras da coibição dos Estados legítimos e ilegítimos.

6.1 Pelo direito de legislar, o governo deve nos aturar

A Liberdade Política, entendida como a participação ativa e direta da sociedade na elaboração de leis que os afetarão diretamente, desempenha um papel de suma importância na manutenção do equilíbrio no contrato social, principalmente quando disposto às coerções de maus ministros que regem as instituições governamentais. A validade de qualquer contrato pressupõe um consentimento prévio, e o direito da manutenção dos textos que regem a vida individual deve estar atrelado ao crivo da justiça. A constituição, sendo o primeiro contrato tácito aceito pela coletividade, deve permanecer sujeita a possíveis alterações propostas por aqueles insatisfeitos com as condições contratuais vigentes. Dessa forma, a participação torna--se um elemento-chave para a justiça no processo. A liberdade policrática, examinada pelo exercício da democracia direta, também desempenha um papel fundamental na contenção de elementos que possam atentar contra as liberdades individuais. Não se limita apenas a preservar as instituições governamentais, mas também promove ativamente a instrução política e econômica da população. Essas adequadas linhas de ensinamento capacitam os cidadãos a agirem com discernimento e autonomia, liderando o caminho em direção à justiça dentro de nossa sociedade.

Tanto a discriminação social quanto política racionalistas são resultados de crenças fervorosas entre as bolhas sociais. Muitas empenhadas pela demagogia e falácia, sem aprofundamento realista, se não o mero apego dogmático e pelo atendimento da própria fé, no que tange ao ego. Crenças levam as pessoas cometerem atrocidades bárbaras, e nada tende a corroer mais as instituições políticas e as liberdades individuais se não a ignorância sincera. Nenhuma outra mudança de atitude, se não a busca pela liberdade política da sociedade civil, pode ser justificada, e o direito direto de regular o contrato que a sociedade está inserida tornar-se o cerne do progressismo político moderno. A engenhosidade de um povo, postas as provas de atuação legislativa e fundamentada pelo conhecimento político assentado pelos pilares educacionais, minam os grupos corruptos do parlamento. Dê voz para a sociedade cantar e verá um coro se formar.

A concepção da harmonia tripartite, longe de ser meramente uma idealização institucional destinada a mitigar abusos de autoridade, representa uma abordagem para ampliar os horizontes dos significados políticos e sociais, sobretudo à luz dos avanços tecnológicos que possam beneficiar a atividade da sociedade.

O ambiente acadêmico, que em épocas passadas refletia o espírito das antigas Ágoras, mantém em tempos contemporâneos sua relevância como núcleo essencial para o desenvolvimento político e opinativo. Desde os primeiros anos da educação, fornece oportunidades para que os indivíduos moldem sua própria liberdade. Isso implica na capacidade de estabelecer regras e normas para si mesmos, assumindo plena responsabilidade por suas ações e escolhas, bem como celebrar um contrato social justo, no qual descontentamentos podem ser debatidos e, sempre que possível, universalizados. A educação para a liberdade genuína é fundamental para capacitar os cidadãos a desempenhar seus devidos papéis como agentes políticos e contribuir para o avanço da sociedade. Os esforços dessa geração servirão como alicerce para o progresso das gerações vindouras. Portanto, o direito de participação direta na legislação não é meramente um privilégio, mas uma responsabilidade inalienável que deve ser assumida com o propósito de edificar uma sociedade mais justa, igualitária e solidária.

A capacidade e direito direto de legislar se torna uma ferramenta de prestígio nas mãos da sociedade geral. À medida que cada indivíduo se envolve ativamente na formulação e no debate das leis, a democracia ganha vida e se torna verdadeiramente policrática. A participação direta não só fortalece a ligação entre o governo e os governados, mas também proporciona uma oportunidade valiosa para que as vozes da sociedade civil sejam ouvidas e respeitadas.

A tecnologia desempenha um papel fundamental nesse cenário. Com o avanço da internet e das redes sociais, a participação cidadã e o exercício da democracia direta tornaram-se mais possíveis do que nunca. Os cidadãos podem (e devem) debater ideias, propor leis e votar em questões importantes, tudo isso sem depender exclusivamente de seus representantes eleitos. No entanto, à medida que exercemos nosso direito de legislar diretamente, também estaremos dispostos a assumir responsabilidade por nossas escolhas e decisões, afinal, os textos que regulam o modo da sociedade se portar regulam, por sua vez, sua própria portabilidade.

O direito de legislar diretamente consagra-se como uma ferramenta valiosa para promover a justiça, a igualdade e o desenvolvimento social. Em vista disso, diante de líderes que tendem a impor a ignorância coletivista, cerceando a sociedade por meio da insciência, não buscará promover a expansão da liberdade política e menos ainda a promoção dos conhecimentos de área por meio da educação. Se nunca contar ao cego que existe cura para a deficiência, o governo continuará vendendo suas bengalas dobráveis de baixa qualidade até quebrar e vender um novo.

À medida que seguimos em frente, torna-se imprescindível que a sociedade acolha esse direito com responsabilidade e empenho, bem como manifeste seu desejo por liberdade política por meio de protestos. Com efeito, a verdadeira democracia se ergue sobre os pilares da participação ativa e bem informada de seus cidadãos. É por intermédio desse compromisso cívico que podemos almejar a edificação de uma sociedade mais equitativa e justa, em contraposição à retórica vazia de maus dirigentes que alegam representar os interesses de uma população. O potencial emancipatório de um povo deve emanar não da ameaça das armas, mas da força das palavras e do diálogo.

CAPÍTULO VII

DA CASCATA DA CORRUPÇÃO

No fulgor da história, as primeiras constituições ligeiramente democráticas surgiram como faróis de esperança, prometendo a liberdade para as massas oprimidas da sociedade civil. No entanto, como as páginas da história trazem a lume, essa promessa inicial frequentemente se dissipava nas brumas da exclusão e ostracismos de classe, concedendo a liberdade apenas para uma elite privilegiada, tanto pelo espectro da influência política quanto material.

Na Grécia Antiga, o berço da democracia, nomes como Sólon e Clístenes[30] promulgaram reformas democráticas, mas sua visão de cidadania excluíam a maioria das mulheres, escravos e estrangeiros. Na Europa do século XVIII, em nações como França pré-Revolução, apesar das ideias iluministas e das primeiras constituições democráticas, a igualdade ainda eludia as massas em favor da aristocracia. Essas primeiras constituições, embora marcos fundamentais para a história, lançaram sementes de um problema persistente que escorre à contemporaneidade: a promessa de igualdade muitas vezes cede espaço à realidade da desigualdade.

Retomando o debate aristotélico acerca da Politeia e seus riscos de corrosão à democracia, estabelece-se um parâmetro de derradeira da "cidade ideal" em uma tirania da maioria ou na ditadura do soberano.

A democracia, ainda que sendo o modelo mais moderno, com vantagens da pluralidade e supostamente viável, tende a ser o degrau de instabilidade de um Estado democrático para um abuso das autoridades, por meio de um governo estabelecido por maus ministros. A sociedade, submissa pela imposição da ignorância dos maus representantes, se quer saberia distinguir a democracia plena de uma aristocracia institucionalizada. Se as massas não forem adequadamente educadas e informadas acerca de seus direitos políticos

---

[30] Sólon e Clístenes foram importantes figuras da história da Grécia antiga, desempenhando papéis fundamentais na história de Atenas; Sólon foi responsável pela transição da Atenas arcaica para uma democracia mais exclusiva, enquanto Clístenes foi um reformado político focado em uma democracia mais inclusiva.

e sociais, legitimaria uma tomada de decisão irracional do eleitorado, agora tomado pela publicidade e propaganda dos maus ministros.

A sociedade civil torna-se meramente uma massa de manobra, em função da ignorância imposta e a falta da informação dada pelo próprio governo. Deixamos de apontar representantes virtuosos para escolher aquele com grau de popularidade considerável. Não mais selecionando pela racionalidade, trabalhos ou atividade política que abranja a sociedade de modo imperativo, e, sim, pelas demagogias, com líderes populares manipulando as emoções por meio do marketing de guerrilha e atiçando a maioria polarizada na ignorância.

Nesse ponto, a sociedade civil passa a indicar aristocratas que tudo fazem para garantir o exercício da sua função no parlamento. Uma aristocracia eleitoral se estabelece, com partidos conflitando internamente para atendimento da demanda das massas e preservando aqueles que já detêm privilégios da Liberdade Política.

A árvore da Politeia, agora com seus ramos da sociedade civil cortados, restando apenas os representantes das podas caídas, começa a conflituar pelo domínio da copa. Maus ministros, prezando pelo luxo e os aconchegos, buscam preservar o estilo de vida elitista do Poder Público e de sua massa. Uma oligarquia é estabelecida. Base de governo e oposição entrelaçam-se em um cabo de guerra metafísico do financiamento de projetos que atendam suas próprias demandas eleitoreiras, mas se juntam para expandir as Liberdades Políticas e aconchegos elitistas.

Maus ministros desfrutam da segurança e lucros de seus cargos, evitando injustiças da sociedade, menos aquelas cometidas por eles mesmos, com a Liberdade Política e privilégios estabelecidos. Começa o fim da democracia representativa e instaura-se um embate de oligarcas pelo projeto de poder. O cenário perfeito da ignorância imposta à sociedade civil, que assegura a presença de maus representantes por meio das urnas, não questionará a sociedade política, acreditando que o exercício de sua função demanda muito tempo, logo, não questiona as regalias. O governo não mais é administrado pelo povo, de fato, mas por indicados que ao assumirem seus gabinetes, tornam-se personalidades políticas, e esbanjam da luta pelo poder.

Em uma tripartição — Executivo, Legislativo e Judiciário —, onde deve haver equilíbrio dos poderes, haverá abusos de autoridades regimentais. Um legislativo frágil, com maus representantes, prezando pela continuidade política, não questionará possíveis arbitrariedades que vieram dos outros poderes. Um desequilíbrio é estabelecido e, onde não há presença dos congressistas legisladores, abre brechas para presença de outros poderes.

O judiciário passaria a realizar interpretação extensiva e legislar medidas, que gradativamente passam a compor a constituição, deixando de ser redigida pelo povo ou pelos maus ministros, mas por concursados ou indicados pelo Poder Executivo.

Cascata da Corrupção

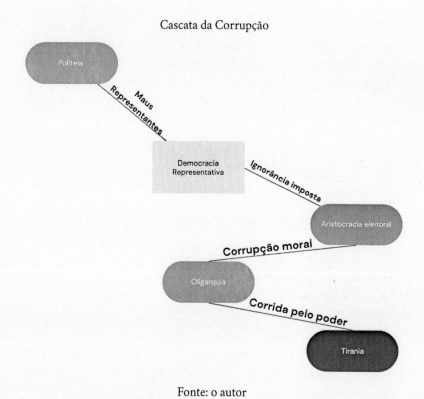

Fonte: o autor

O Executivo, por sua vez, assumiria a posição essencialmente totalitária: executar medidas que forem cabíveis pela vontade do supremo representante da república e seus ministérios. Um governo sem limites ou freios legislativos toma proporções sem precedentes, que se dirigem à tirania, assim, a história repete os séculos de revoltas sociais. Um congresso com maus ministros, indicados pela ignorância popular imposta, torna-se vulnerável à arbitrariedade de outros oligarcas e instituições que assumem suas posições, não pela indicação social, mas por méritos individuais e projetos independentes dos clamores da sociedade.

A concentração da Liberdade Política no legislativo de uma democracia representativa fragiliza a postura da sociedade civil, sufocando as massas e arriscando a perpetuação da liberdade. Ao passo de a sociedade se deparar dos riscos da perda dos direitos antes assegurados pela constituição, em virtude de um governo autoritário. Dicotomias sociais se desencadeiam, com rebeldes tornando-se terroristas perante o Estado autoritário, que buscará constantemente a reforma e déspota segurança em prol das demagogias e populismo.

Outrora, a policracia não seria viável pelo tamanho territorial dos impérios ou desenvolvimento tecnológico da época. Contudo, o advento das tecnologias conectivas possibilita a gradativa presença direta da sociedade civil na política, diante da existência de programas que buscam inserir e expandir a presença direta da prole no legislativo.

CAPÍTULO VIII

DA JUSTIÇA SOCIAL

No exame das teorias da justiça social, as perspectivas de John Rawls e Robert Nozick emergem como pilares fundamentais de um debate essencial na filosofia política contemporânea. Rawls, conhecido por sua defesa da justiça distributiva e do princípio da diferença, propõe uma abordagem que visa a equidade e a redistribuição de recursos em prol de uma sociedade mais igualitária. Em contraste, Nozick, com sua defesa do minimalismo estatal e da justiça como processo, argumenta a favor de uma intervenção limitada do governo na redistribuição de bens e recursos, favorecendo a liberdade individual e a propriedade privada[31]. Esta análise inicial busca explorar as principais características dessas duas perspectivas, proporcionando uma base sólida para a macro análise crítica subsequente das implicações e limitações de cada abordagem na busca por uma sociedade mais justa.

Uma sociedade justa torna-se uma analogia subjetiva e abstrata, quando realçamos os contrastes fatoriais que corroboram para uma cena. A contextualização de uma dualidade de justo e injusto torna-se irrelevante em uma primeira análise, sendo necessário um aprofundamento no contexto. Essa é a função dos diversos magistérios e suas devidas instâncias espalhados pelo mundo. Baseando-se nos textos constitucionais, os juízes tomam seus pareceres na ordem de ambos os fatores — a compreensão do caso que se segue e os pressupostos da legislação.

Contudo, não tratando aqui da justiça como instituição ou senso moral, mas, sim, como ela foi traduzida no escopo da sociedade ao longo da história. Rousseau trazia justiça como uma vontade geral da sociedade e, assim, expressando-se por meio soberania popular, seria garantido um justo regimental. Mais tarde, esse paradigma pôde ser traduzido como um princípio do Estado Democrático de Direito. Para Rawls, de modo que haja justiça, deve ser considerado os princípios de igualdades, nos quais essa seria

---

[31] NOZICK, Robert. *Anarquia, Estado e Utopia*. São Paulo: WMF Martins Fontes, 2011. p. 361.

assegurada de algum modo pelo Estado. As arbitrariedades do mundo deveriam ser corrigidas por um ajuste das circunstâncias da posição do contrato social atual e adoção do véu da ignorância[32].

A liberdade e equidade perante o contrato social são os vértices que constroem a pirâmide da justiça social. A sociedade civil, sob o risco de assumir um véu da ignorância como pressuposto por Rawls, estaria disposta às contingências populistas e demagógicas dos maus ministros. A plena ignorância, seja na escolha de um líder justo ou em uma tomada iniciativa popular, coloca o humano em uma zona de atividade irracional, na qual quaisquer valores criteriosos da prezada ignorância impostam seriam válidos, inclusive, a retórica dos maus ministros.

Para que haja justiça efetiva, ela deve ser considerada justa com os princípios da igualdade política, bem como seu conhecimento técnico. As desigualdades econômicas, sociais e intelectuais podem levar a grande massa da sociedade a importar da ignorância de maus ministros, que, por sua vez, adota-os como uma massa de manobra eleitoreira em uma democracia representativa, limitando-a, assim, há um reflexo inconsistente de um governo administrado pelos desiguais. Não havendo plena liberdade de atuação política pela sociedade, é sabido o risco de serem moderados pelos injustos, logo, não havendo mais justiça social.

Em via de regra, esse desequilíbrio deve ser corrigido por aqueles que administram as instituições democráticas governamentais. Contudo, as abordagens das políticas públicas para resolução das efemeridades podem vir a se tornar pautas populistas dos maus ministros, que se sustentam em seus cargos por vários anos. A hereditariedade no parlamento pode retomar a concepção do comodismo da garantia dos direitos políticos de modo indireto, transformando o contrato social em uma garantia das injustiças sociais e protecionismo da elite política dos representantes que situam a ignorância imposta na sociedade. Uma nação grande implica na necessidade da expansão legislativa e o estabelecimento de regimes mistos ou progressão de poderes parlamentaristas, isto é, a tripartição em âmbito nacional, parlamentarismo estadual ou provincial e politeia local.

A liberdade política, traduzida como atividade legislativa pelos animais políticos, moderando o contrato social, permite ao executivo a atuação para garantir as igualdades políticas e sociais, que, por sua vez, garantem a justiça. A liberdade policrática — atividade da democrática direta —, em dado

---

[32] RAWLS, 2003, p. 12.

igual preservação das instituições ministeriais, garantindo a promoção da educação política e econômica de um povo, lidera a justiça dos povos que passam atuar conscientemente e individualmente. A harmonia tripartite não é somente uma idealização institucional para que não haja abusos de autoridade, mas um modo, principalmente com o advento tecnológico, de expandir os significados e significantes políticos sociais. A estruturação acadêmica torna-se um cerne do desenvolvimentismo político, que forma desde as primeiras infâncias as chances de moldarem a própria liberdade, legislando a si próprios e, eventualmente, a Politeia na qual assistem. Justa liberdade ensinada para que os seres humanos, enquanto animais políticos, atuem em prol do progressismo e que os esforços dessa geração levem ao progresso das seguintes.

Os poderes judiciários, por sua vez, não devem ser um corpo elitistas à parte dos demais. As carreiras judiciárias devem assegurar plenas justas causas, sem o "confortismo" da classe, sobre o risco da corrupção moral, bem como nos poderes legislativos. Sejam concursados oportunistas ou indicados pelo companheirismo, o judiciário deve prezar pela moralização e ditames interpretativos da lei redigida pela sociedade, e não legalismos. Um juiz que evita as injustiças, com exceção daquelas conferidas por si, dispõe a sociedade à injustiça; e, novamente, não havendo a justiça, o que são agora os juízes, senão um bando de ladrões e comparsas de maus ministros?

Em um ensaio sobre a educação, uma sociedade mal instruída acerca de seus direitos e restrição nas atividades políticas diretas, abandona governos racionais e se apega pelo conformismo da ignorância imposta da ideologia e demagogias. Logo, contrapondo ao pensamento de Rawls, que postula com a justiça sendo a primeira virtude das instituições sociais, coloco a liberdade política na premissa teórica, com ênfase na educação de base de uma agenda apartidária, desenvolvimentista no individual acerca da política virtuosa e progressista, de tal modo que a justiça, de fato, seja assegurada pelo imperativo categórico, e não das regalias dos cargos legislativas e judiciários. A corrupção do conhecimento e do ensino estabelecem parâmetros de abusos impostos por aqueles que regem uma nação. Torna-se direito geracional revisar e refazer as leis vigentes, para que seja estabelecida a máxima solidez nas leis empregas e que os textos alcancem a direta e clara interpretação, que não permita a extensão dos seus significados.

A natureza é naturalmente caótica, sem controle central, uma vez que qualquer medida para regulamentar as bolhas sociais tende a ser arbitrária para as convenções entre indivíduos. A liberdade, como um postulado da realidade caótica e instável do ser humano, mas preservada as amplas liberdades dos estados de direito por meio do Contrato Social, torna-se uma regra. O indivíduo, por sua vez, é disciplinado pela estrutura da cidadania e o exercício da função, bem como os seus direitos devem ser lecionados e debatidos. Debates esses promovidos por ágoras acadêmicas, as quais promovam a oralidade e a formação individual, que mais tarde tornam-se ferramenta de proteção intelectual e social dos jovens. Em uma sociedade caracterizada ainda pelo excesso, a velocidade na transmissão e acesso à informação, bem como as fragmentações e construções multifacetadas, observamos uma variedade imensa de estilos, possibilidades e meios para que uma democracia direta possa aflorar a verdadeira árvore da democracia.

O incentivo ao debate acadêmico, bem como as metodologias de ensino político nas escolas de base são os fios de ouro que são tecidos das palhas da ignorância imposta.

CAPÍTULO IX

DA DEMOCRACIA LIMITADA

Assim como uma árvore robusta e saudável se nutre de raízes profundas, que representam os princípios fundamentais, tais como o imperativo categórico, códigos de ética, constitucionalismo e republicanismo, as democracias também se enraízam nesses valores essenciais. Uma vez que abandonados esses princípios fundamentadores para dar espaço a um governo utilitarista, ela passa por um processo de deterioração sedimentar dos pilares democráticos e dá espaço para demagogias. Um novo modelo democrático é instaurado: aquele limitado pela vontade dos grupos minoritários nos parlamentos, limitado nos princípios do ego e limitante nas liberdades sociais, no que tange aos direitos políticos. A sociedade passa ter que se contentar apenas com o mero direito ao voto, que não mais é sinônimo de direito dado pela benevolência.

As nefastas experiências regimentares que instauraram regimes totalitários como nazismo, fascismo e principiantes comunistas são exemplos das periculosidades que a voz social pode corroborar na política e, por isso, esses regimes foram céleres ao fechamento dos parlamentos nacionais e o fortalecimento do Poder Executivo. Um legislativo forte e abrangente torna-se sinônimo de democracia plena, mas se torna limitado, quando a ambição e a ganância dos maus ministros se tornam complacentes com o luxo da classe e as ações dos outros poderes institucionais.

Da base da árvore até os galhos que se estendem para o céu, a democracia passa por uma poda constante por aqueles que regulam a permanência do poder, a fim de evitar que suas copas da liberdade dos animais políticos sujem o solo do elitismo público. No entanto, como apresentado, restringir demais o crescimento dos ramos pode levar à estagnação, e uma árvore que não floresce nunca dará frutos e estará condenada. A natureza, por sua própria essência, busca a liberdade e a expansão, e a democracia não deve ser exceção. Não devemos aceitar que nossos jardineiros políticos limitem nosso potencial, impedindo-nos de crescer maiores e melhores, no que diz respeito ao avanço de um povo. Em vez disso, precisamos cultivar a democracia, permitindo que essa árvore cresça de maneira segura e saudável. É natural que surjam frutos podres, mas, quanto mais frutas saudáveis produzirmos, menor será a chance de infecção por parasitas.

Há plena efetividade democrática quando os indivíduos não possuem pleno direito da participação política direta sem burocracias que a classe não enfrentaria em função de seus cargos? O que se estabelece é um consenso social acerca das instituições que passam exigir mais da sociedade civil. Nossa democracia pode ser compreendida como uma árvore robusta, com raízes que mergulham fundo na terra dos princípios fundamentais, tais como o imperativo categórico, códigos de ética, constitucionalismo e republicanismo. Esses valores essenciais sustentam o tronco que estrutura a democracia, desde sua base até os galhos que se estendem em busca do céu da liberdade. No entanto, ao longo do tempo, essa árvore da democracia é sujeita a podas frequentes por aqueles que regulam a permanência do poder. Eles fazem isso para evitar que as copas da liberdade dos cidadãos políticos sujem o solo do elitismo público. Mas, como já observamos, o excesso de poda pode levar à estagnação e, em última análise, à decadência. Uma árvore que não floresce nunca dará frutos e isso é uma condenação. A natureza, intrinsecamente, anseia pela liberdade e pelo crescimento, e a democracia não deve ser uma exceção a essa regra. Não podemos aceitar que nossos jardineiros políticos limitem nosso potencial, privando-nos da oportunidade de crescer, aprimorar e evoluir como sociedade. É nosso dever cultivar a democracia, permitindo que essa árvore cresça de maneira segura e saudável.

A plena efetividade democrática é questionada quando os indivíduos não têm pleno direito de participação política direta, mas, sim, são submetidos a burocracias que a classe política raramente enfrenta em função de seus cargos. Isso resulta em um consenso social que coloca um peso adicional sobre a sociedade civil, exigindo que esta respeite seus representantes. Afinal, esses representantes foram indicados pelo povo e financiados com recursos provenientes dos impostos pagos pelo povo. Portanto, eles têm a obrigação de retribuir esse respeito, agindo com sobriedade democrática e abandonando a manutenção de um poder elitizado. No entanto, muitas vezes, os governantes estabelecem estruturas e regulamentos, por meio dos quais controlam as relações políticas e suprimem a justiça social. Isso é frequentemente associado à noção de que "a justiça tarda, mas não falha". No entanto, essa ideia é falaciosa, pois a demora na aplicação da justiça implica em uma falha intrínseca no sistema. A verdadeira justiça só pode ser alcançada por meio da participação ativa da sociedade civil nas relações públicas, com reformas constantes e pertinentes. Infelizmente, a fragilidade dos textos legais, muitas vezes redigidos por maus ministros, coloca a justiça em segundo plano, tornando-a relativa.

A democracia limitada, em face da corrupção que muitas vezes a permeia, assume forma por meio das relações partidárias dos maus ministros. Eles entram em consenso para assegurar sua permanência no poder, estabelecendo alianças e acordos que muitas vezes não beneficiam a sociedade como um todo. Os governantes veem com desconfiança a possibilidade de a sociedade civil se envolver diretamente nas relações políticas, pois isso corroeria o modelo estabelecido da democracia representativa.

No entanto, isso nos leva a questionar o porquê nossa democracia é considerada "limitada". Não é uma questão de ignorância, mas, sim, de como os democratas interpretam e aplicam o conceito. A limitação não é inerente à democracia em si, é imposta pelos próprios agentes políticos que detêm o poder. Eles muitas vezes agem em nome da "voz do povo", contudo terceirizam essa voz e impõem falsas analogias da vontade individual.

Um exemplo disso são os projetos que aumentam os subsídios dos representantes, financiados pela arrecadação de impostos da população. Poucos eleitores provavelmente apoiariam tal medida, mas esses projetos são frequentemente aprovados sem um clamor público significativo pela revogação. Mesmo as vozes minoritárias que se manifestam contrárias muitas vezes não são suficientemente atendidas. Essas minorias também deveriam ter sua representatividade respeitada e alcançar um maior nível de satisfação social, mas, devido à ignorância imposta e à falta de liberdade política direta, sua voz é abafada.

Diante desse cenário, surge um debate legítimo: como uma sociedade que está cada vez mais conectada virtualmente, por meio da tecnologia e das redes sociais, ainda parece tão distante das relações públicas que regem o contrato social? Como a utilização desses meios pode ser aproveitada para expandir as Liberdades Políticas da sociedade e promover o progresso de nosso povo? Essas são questões cruciais que exigem nossa atenção e reflexão contínua enquanto buscamos uma democracia que verdadeiramente represente os interesses e valores de todos os cidadãos.

John Locke, em suas obras sobre o contrato social, destacou a importância do consentimento dos governados como a base legítima do poder político. Em sua visão, a limitação do poder do governo era essencial para proteger os direitos individuais dos cidadãos, uma vez que, em seu Estado de Natureza, o ser humano tende à violência. Em paralelo, Montesquieu, por sua vez, defendeu a separação de poderes como um meio de evitar a concentração de poder nas mãos de poucos. Sua obra *O Espírito das Leis*, influenciou diretamente a estruturação dos sistemas democráticos modernos, como a divisão entre poder executivo, legislativo e judiciário. A liberdade legislativa, a igualdade ao executar e a justiça ao estabelecer a jurisprudência não se afastam das conceituações apresentadas por Montesquieu.[33]

Partindo do pressuposto que a liberdade, bem como a democracia são direitos naturais, aquele que nasce sob um regime autoritário, no qual cerceiam as liberdades políticas individuais, dispõe as futuras gerações às instabilidades sociais e à escravidão de um regime reservado aos oligarcas e maus ministros. Se a democracia direta é o estado de plena liberdade do ser humano, diante do direito de modelar o contrato no qual está inserido, qualquer regime coercitivo a tal se estabelece diante de uma parcimônia tendenciosa, que corroesse sobre o autoritarismo e regimes antinaturais

Karl Popper argumentou, em *A Sociedade Aberta e Seus Inimigos*, que a democracia deve ser baseada no princípio da falseabilidade[34], no qual o governo deve ser constantemente desafiado e sujeito à crítica para evitar o autoritarismo.[35] Ele enfatizou que uma sociedade aberta exige a liberdade de expressão e um espaço no qual as ideias podem ser debatidas livremente. Embora fosse um cerne para o debate democrático, o postulado apresentou que um governo deve estar constantemente sobre críticas e ceticismo, onde eles trabalharem em função da sociedade é o exercício de sua função mínima, e que não devem ser congratulados por isso. O poder público não deve ser um exercício visando a popularidade política, mas, sim, a sustentação dos paradigmas governistas e progressistas, prezando pela plena Liberdade Política.

Diante disso, a pompa levantada pelos governantes traze a face de maus ministros, que passam dirigir seus cargos para a sobriedade de seu meio de subsistência e a facilidade de seu cargo em relação os desafios da sociedade civil. Mesmo que suscetível às críticas, o mau ministro eleito por meio da democracia representativa não assume caráter autoritário em

---

[33] MONSTESQUIEU. *Do espírito das Leis*. São Paulo: Abril, 1973.

[34] Propriedade de uma asserção, ideia ou hipótese que pode ser mostrada como falsa para que tenha parcimônia. Quando a teoria resiste à refutação pela experiência, pode ser considerada comprovada.

[35] POPPER, Karl. *A Sociedade Aberta e Seus Inimigos*. Tradução de Miguel Freitas Costa. Lisboa: Edições 70, 2012.

primeiro momento, mas compreende que a imposição da ignorância ao coletivo o previne das críticas e regula as eventuais crises de imagem por meio das relações sociais.

Por isso, John Dewey, um dos principais filósofos da educação, destacou a importância da educação de base para a formação de cidadãos ativos e informados.[36] Embora não tenha redigido diretamente sobre a presença política, ele argumentou que a democracia só pode funcionar adequadamente quando os cidadãos são educados e participam ativamente no processo político. Ao olharmos para essas ideias, vemos que a democracia não deve ser limitada pela inércia ou pela complacência. Em vez disso, devemos utilizar as ferramentas da tecnologia e das redes sociais para ampliar o diálogo público e fortalecer a participação cidadã. Como John Stuart Mill observou em seu ensaio *Sobre a Liberdade*, o debate público é fundamental para a busca da verdade e o desenvolvimento de uma sociedade livre.[37]

Portanto, é nosso dever buscar a sabedoria e inspiração desses pensadores para nutrir nossa democracia, garantindo que a árvore da liberdade e justiça floresça com vigor. De fato, o preço da liberdade é a eterna vigilância e devemos estar atentos e comprometidos em moldar nossa democracia para que ela atenda aos interesses e aspirações de todos os cidadãos, em consonância com os princípios que esses filósofos tão sabiamente nos legaram.

9.1 A problematização das velhas políticas

A inocuidade das velhas políticas em coligar as vicissitudes tecnológicas e o avanço da presença civil no parlamento diretamente não refletem necessariamente um mero desconhecimento de área, mas uma aderência pusilânime para com a sociedade de modo geral, em detrimento de minar a presença parlamentar dos indivíduos — a ponto, inclusive, do uso da violência se necessário para preservação da permanência da classe. Uma elite dominante no contexto público estabelece uma estigmatiza com hipóteses que tendem a minar seus interesses elitistas, ao passo de censurar como for necessário os paradigmas modernos das sociedades modernas.

Para essa classe social, é vantajoso a presença das massas no mundo virtual, gastando tanta energia profissional em projetos monótonos para atender as necessidades das empresas que promovem impulsionamento de

---

[36] DEWEY, John. *Democracia e Educação*. Edição de Christiane Coutheux Trindade. Uberlândia: Edufu, 2019.

[37] MILL, 1963, p. 24.

marketing, por exemplo. Afinal, a ignorância imposta sendo patrocinada por esse meio de comunicação permite a ressonância e a dicotomia de ideais. Não mais questionando o processo racionalista de um governo, que transparece um nevoeiro político obscurecendo a realidade fora dela.

Os interesses econômicos individuais dos governantes indicados e de lobbies empresariais garantem que as decisões públicas sejam tomadas por grupos cuja independência impede uma mudança ou um avanço estrutural regimentar. Em vez disso, uma rede institucional, por meio das vias reguladas de fato, opera para garantir a manutenção de um sistema político estável e benéfico para alguns. O desejo de manter a déspota parlamentar, sustentando-se pelos luxos da classe, tende a acarretar conflitos sociais daqueles que não se sustentam na bolha parlamentar, por não terem seus devidos desejos atendidos pelos maus representantes. Com todos os representantes buscando maiores liberdades políticas e poder maior, minam-se a suposta estabilidade democrática e a unidade do Estado federativo. O vitorioso na disputa, seja por meio dos relacionamentos internos até anos de atividade parlamentar, assumido em função do próprio ego e reforma de classe, priva os oponentes da possibilidade de alçar os próprios caminhos ao desejo de governar, o que leva à injustiça, e contraria o alicerce da democracia. A democracia representativa assume uma forma corrupta de governo, afastando-se do modelo de governo verdadeiro.

O racionalismo ofusca as percepções individuais de poderem adquirir e alçarem maior poder do que o pressuposto pela democracia representativa. O poder se distribui melhor em um mundo diversificado e não limitado pela ignorância imposta dos maus ministros.

O Estado deve limitar-se em promover os direitos básicos, como proteção e segurança do seu povo contra forças externas que buscam minar as liberdades individuais, bem como intermediar divergências sociais locais. No momento em que ele passa a se envolver em outra atividade reguladora, começa infringir os direitos do povo, como o Estado Democrático de Direito. A necessidade de diminuir a democracia representativa e expandir a policracia torna-se inevitável dentro das sociedades modernas, para que, assim, a sociedade civil não seja subjugada pela elite política.

9.2 A síndrome do pequeno poder

Diante das políticas concentradas e os representantes cada vez mais atuando em função própria, a síndrome do pequeno poder entrelaça com o comportamento de muitos governantes, que não estão apenas demonstrando sua arrogância, mas também revelando uma mentalidade de controle e coerção que permeia muitos níveis do governo. É como se esses líderes, independentemente do seu cargo, por terem maiores liberdade políticas, sentissem-se acima da lei por regulá-la e da própria sociedade que deveriam servir. Isso denota uma fragilidade nos contratos sociais, dirigidos por aqueles credores da lei e conhecedores do sistema. E isso não fica apenas nas retóricas vazias; vemos isso em ações concretas, como repressões a protestos pacíficos, censura da imprensa e tentativas de limitar a liberdade de expressão.

A sociedade civil, por sua vez, muitas vezes se vê diante de um dilema. Como resistir a um governo que usa seu poder de maneira coercitiva? A resposta está em fortalecer nossas instituições democráticas, garantir que haja separação de funções plenas e que os governantes sejam responsabilizados por suas ações. Devemos lembrar que a autoridade de um governo em uma democracia deve ser um reflexo do consentimento e da confiança da população. Quando essa autoridade é usada para silenciar a oposição e minar os direitos individuais, estamos no caminho perigoso da corrosão democrática, somado aos fatores externos, como as implicações ideológicas. É crucial que a sociedade civil questione os abusos de poder, independentemente de quem o exerça. Deve-se fortalecer a sociedade civil, promovendo a transparência e a responsabilidade, ao passo de assegurar que a síndrome do pequeno poder não se transforme em uma verdadeira ameaça à liberdade e democracia.

9.3 O papel da juventude

Os jovens, que outrora eram tradicionalmente tidos como os ícones da esperança no futuro pelas velhas gerações, deparam-se frequentemente com a atribuição de significados associados a inquietações sociais. Isso ocorre quando, ao adotarem uma postura que pode ser descrita como "pseudoconservadora" imposta pelas normas culturais dos adultos, eles passam a ser frequentemente percebidos como símbolos de uma sociedade desordenada, carente de princípios ou direção. Portanto, essa juventude, que se encontra sujeita às influências do contexto social em que está inserida, muitas vezes manifesta comportamentos ambíguos, oscilando entre ser motivo de preocupação em certos momentos e fonte de orgulho em outros.

Em grande parte, as aspirações e aprendizados são recebidas das gerações passadas, dos adultos. Analisemos a contracultura da década de 60 e cruzemos um paralelo com a modernidade.

O ano de 1960 possui uma das mais notórias transições socioculturais e o início de um processo de fragmentação social, acarretado principalmente com o que diz respeito às influências de uma nova idealização do modo de viver adolescente — além da preponderância nas gerações seguintes —, destacando-se a presença da chamada contracultura.

Com o cenário geopolítico do mundo no pós-Segunda Guerra Mundial e a possibilidade de um terceiro conflito de maiores proporções, em vista do armamento bélico de alcances nucleares, o cenário mundial foi dividido entre duas grandes potências — União das Repúblicas Socialistas Soviéticas (URSS) e Estados Unidos da América (USA). O início década de 60 marcou uma perdurada dos países à esquerda, com ideais embasados no socialismo soviético, e um dos mais tensos períodos da Guerra Fria.

O chamado *American way of life* já não mais encantava a juventude ao redor do mundo que cresceu sob um rígido moralismo estadunidense — onde o espírito de patriotismo foi alavancado com a vitória dos países aliados no fim da Segunda Guerra Mundial —, além de fortes críticas ao capitalismo e à sociedade de consumo do período. Foram também colocados em pauta a legitimidade democrática dos regimes da época. O correr dos anos 60 foram fulminantes para o estabelecimento da atmosfera dos movimentos culturais nas décadas seguintes e que perduraram até o presente momento. A majoritária parte dos adolescentes daquela década cresceu sob a tutela ou influência das gerações anteriores de jovens que sofreram com a crise de 29 e com a Segunda Grande Guerra, fazendo com que houvesse um processo hereditário ideológico.

Os adolescentes dos anos 60, diante das narrativas do mundo adulto, perceberam de que o sonho americano já não era tão agradável, como pressupunha as promessas, e de que, por anos, os Estados Unidos sempre tiveram interesses econômicos por de trás dos grandes conflitos do mundo. Os mesmos jovens, ao se depararem com uma realidade unifacetada, viram nos ideais socialistas um refúgio. Uma linha de pensamento de que, em tese, fosse mais humanitário do que a realidade capitalista, mas que a derrocada de uma ideologia artificial feito o socialismo desdobraria nas crises sociais e econômicas mais marcantes da época.

Podemos referenciar, por exemplo, os protestos estudantis que ocorreram na França em 1968, que apontaram duras críticas ao capitalismo e ao stalinismo, embora muito compactuassem com os ideais Marxistas — um duplicidade nas narrativas, em vista de que a formação do estado da antiga

A TEORIA DE TUDO SOCIAL: DEMOCRACIA LTDA

URSS fora inspirada nas teorias do sociólogo, sem excito. Pode-se, então, salientar que os jovens não estavam interessados unicamente em compreender a realidade política do mundo, mas, sim, em encontrarem um apego ideológico que os representassem de fato, diante da carência de uma contraposição ao capitalismo.

A adoção do refúgio ideológico tende à submissão aos ídolos-políticos que carregam o brasão das tais linhas de pensamento e, mais uma vez, dispondo às novas gerações a ignorância imposta, que, por sua vez, reinicia o ciclo comportamental da juventude fundamentada nas gerações passadas. É necessário interromper o ciclo, de modo que ambas as partes deixem a submissão dos ídolos e passem adornar os próprios princípios e virtudes, a fim de moldar o contrato social no qual eles estão inseridos. O progresso intelectual e o discernimento racional das experiências são manifestações que podem emergir em diversos estratos sociais, assumindo múltiplas facetas, requerendo ser necessário, por sua vez, uma investigação aprofundada do desenvolvimento pessoal para o cultivo de uma visão crítica acerca das políticas públicas e institucionais. A distância das correntes culturais predominantes em relação à esfera do animal político torna-se imperativa para salvaguardar a integridade de uma democracia deliberativa e direta plenamente funcional.

A legitimidade do consentimento popular, outrora considerada um critério fundamental para a plenitude democrática, evoluiu para se tornar um direito básico. O descontentamento de um indivíduo com o governo é legítimo, porém é crucial distinguir esse descontentamento do direito à revolta que possa perturbar a ordem social, mantendo, assim, a integridade ética. O Estado, concebido como um educador dos diferentes estratos sociais, perde sua legitimidade, quando suas instituições são influenciadas por líderes ineficientes que moldam agendas educacionais, já que suas decisões não refletem a vontade da maioria, mas, sim, de uma parcela específica que os colocou no poder. Ao debater a contestação visando a desmantelar a hegemonia cultural na sociedade, devido ao papel crucial dos "intelectuais" como agentes educacionais, somos remetidos ao conceito platônico dos "reis-filósofos". Essa problemática se manifesta mais tangivelmente nas divisões sociais contemporâneas. Quem são, afinal, esses intelectuais e o que os caracterizam como tal? Um erudito não se resume necessariamente a alguém com um desenvolvimento intelectual refinado, mas, sim, alguém capaz de transmitir conhecimento de forma relevante à juventude.

O projeto de vida de um indivíduo não deve se limitar à ordem pragmática ditada pelo Estado ou pelas instituições, mas, sim, às expectativas e às aspirações pessoais frente a essas estruturas. Ademais, uma vez que esses órgãos reguladores são governados pelos mesmos indivíduos que influenciam as agendas acadêmicas, criando uma elite política de intelectuais e conhecedores do sistema público, a sociedade civil se vê subjugada, com os educadores relegados a seguir agendas alheias.

Uma massa humana é discernível, não apenas pela construção multifacetada, mas também por suas distintas capacidades, habilidades e talentos subjetivas. A autonomia não emerge da coletividade, mas do indivíduo em si, embora este não se veja completamente livre frente à ordem política institucional estabelecida. Uma organização dessas massas representa o estabelecimento arbitrário de uma ordem, uma estrutura fixa estabelecida pela elite intelectual da sociedade, que, por meio de um racionalismo exacerbado, busca impor uma ordem pragmática baseada em suas próprias idealizações.

Uma análise social não deve se restringir a meras suposições intelectuais, racionalizações ou utopias sociais, mas, sim, concentrar-se na compreensão das eternas subjetividades. Para alcançar uma sociedade verdadeiramente livre, é necessário criar meios para que essa permanente subjetividade possa participar diretamente na formulação das políticas que influenciam seus comportamentos.

CAPÍTULO X

A SUBMISSÃO À FEDERAÇÃO

"Um Estado grande demais acaba, por fim, decadente".

(Simon Bolívar)

As discussões atribuídas ao venezuelano Simón Bolívar, como que um Estado grande demais acaba, por fim, decadente, abre uma discussão fundamental sobre os riscos da centralização excessiva nos modelos políticos federativos[38]. Isso nos leva a examinar de perto como a busca desenfreada pelo poder central pode ameaçar as liberdades políticas, bem como a própria essência da política federativa. Nos moldes confederados, a descentralização se apresenta como uma solução vital para preservar a autonomia das regiões e estados, sem submetê-los a uma união forçada sob o domínio de um poder central arbitrário. Cada estado confederado retém sua independência, mas opera sob os princípios fundamentais do Estado federativo, gerenciando seus recursos e regulando suas constituições. Esse equilíbrio entre autonomia político-social das confederações e supervisão executiva do Estado federativo é essencial para preservar a harmonia dentro do sistema.

No entanto, quando um Estado busca centralizar excessivamente seu poder, os riscos vêm à tona. A centralização extrema pode resultar na degeneração da justiça, devido à supervisão néscia dos governos centrais e na erosão das instituições provinciais. Os governos provinciais, por sua vez, tornam-se submissos ao Estado Federal, que, governado por uma Carta Magna corrompida, passam restringir o livre-arbítrio social e político.

A advertência de Bolívar destaca a importância de encontrar um equilíbrio na busca por um Estado forte e coeso, sem sacrificar a autonomia das unidades federadas em prol de um poder central. O perigo da decadência

---

[38] BOLÍVAR Simón. *Carta de Jamaica*. Comisión Presidencial para la Conmemoración del Bicentenario de la Carta de Jamaica. Caracas: Centro Nacional de Historia: Archivo General de la Nación, 2015. p. 9-31.

reside na centralização descomunal das entidades políticas burocráticas, que sufocam as vozes regionais por meio do contrato social do primeiro Estado e negar-lhes a capacidade de autorregulamentação. A colaboração e a cooperação social devem ser a base de qualquer federação bem-sucedida.

A centralização excessiva, especialmente em largos territórios, aumenta o risco de instabilidade política e social, bem como a possibilidade de manobras políticas que ameacem o Estado Democrático de Direito. Limitar o direito de regulamentação das províncias, principalmente quando se trata de políticas diretas de legislação, coloca os estados sob o controle de um Contrato Social corrompido por maus ministros, garantindo o bem-estar apenas da elite política e perpetuando o despotismo.

Em contraste, um modelo confederado pode expandir as liberdades políticas individuais e o direito direto de legislar, dividindo de forma adequada as zonas legislativas e permitindo um maior envolvimento dos cidadãos na tomada de decisões políticas. É nessa busca pelo equilíbrio entre centralização e descentralização que encontramos o caminho para fortalecer a democracia e garantir a preservação das liberdades políticas essenciais para uma sociedade justa e livre.

O espírito associativo dos indivíduos nas relações políticas desempenha um levante inalienável na manutenção da democracia plena, principalmente quando fomentada pelas livres relações e instruções nas instituições de ensino, mas que de nada vale se continuamente a sociedade civil passa ser regulada por um pacto federativo dos cidadãos para com o governo central. É necessário abolir os velhos modelos centralizadores para que haja pleno alcance das liberdades políticas individuais, bem como a busca pelo desenvolvimentismo. O constante desejo de aumentar as posses, fomentado pelo aumento do controle social, corrobora para a derradeira de uma sociedade levada em um sistema de servidão. Pequenas repúblicas, por sua vez, não possuem necessidade para expandir suas fronteiras, buscando apenas evitar as injustiças e instabilidades sociais. Evitando a injustiça, por meio apenas da plena liberdade política a sociedade, poderá se concretizar plenamente livre e justa.

Os regimes que minam as liberdades políticas, centralizando os poderes federativos e relacionais das classes políticas, dispõem a sociedade civil à forte submissão partidária dos maus ministros e chefes de Estado, que não mais governam pela virtude do cargo, mas pelo modo de vida, partindo do pressuposto de estar assegurando as injustiças, subjetivamente, exceto aquelas cometidas por eles mesmos. O conforto da classe e o conforto da federação de manter as províncias regionais nas rédeas da submissão tornam a busca pela liberdade política apenas uma utopia dos governados.

De modo semelhante à Declaração dos Direitos dos Estados Unidos, a constituição deve atuar em função dos contratos sociais estaduais[39]. A maioria pode esmagar os direitos básicos da minoria em uma democracia, principalmente nas representativas, fundamentadas em brandas seguranças jurídicas. Uma constituição federal ou um Contrato Social Pleno deve estabelecer um arcabouço de segurança aos estados confederados em uma policracia, de modo que nenhum outro contrato sobreponha os direitos universais dos outros territórios da comunidade. Os direitos civis devem ser assegurados pelo governo central da federação, enquanto o estatuto regimentar político de cada estado, promovendo como base os direitos fundamentais, em especial a liberdade política, deve ser disposto ao povo, enquanto um calçado para a alçada da moderação direta ao contrato social, assim, estabelecendo um elo político estável entre federação e confederações.

Autocracias modernas, semelhantes aos regimes fascistas ou socialistas que assentaram as velhas políticas, possuem fontes ocultas de resiliência enraizadas no passado, que passam a constituir a vida política das sociedades. De modo semelhante, atuam as democracias representativas, e as sementes de instabilidades afloram a vida cotidiana da sociedade civil, mobilizada pelos apegos dogmáticos aos ideais partidários. Contudo, diferentemente das modernas ditaduras, que utilizam da inteligência da espionagem ou força militar para assegurar por meio da força a soberania do Estado, seja acentuada pelo nacionalismo ou pelas pautas ideológicas que soldam o comportamento social, as democracias representativas não precisam da força de coerção física para atender aos interesses dos maus ministros. Basta apenas a plena ignorância imposta pelo sucateamento das agendas educacionais nas instituições de ensino básico e superior.

Democracias representativas utilizam-se da legislação, da própria capacidade de legislar os direitos civis e expandir os próprios, para por meio da jurisprudência legitimar as ações centralizadoras que buscam minar quaisquer possibilidades de diáspora social e a consciência do coletivo. A flacidez do Contrato Social moderado por maus ministros, somada à imposição do governo utilitarista que busca acentuar o populismo exacerbado entre as

---

[39] AMAR, Akhil Reed; ADAMS, Les. *The Bill of Rights Primer*: A Citizen's Guidebook to the American Bill of Rights. Editora: Skyhorse Publishing, 2015.

massas, infiltra a irracionalidade coletiva, por meio das agendas partidárias e ideológicas; o maior risco que as democracias representativas podem correr é a conscientização da sociedade civil acerca dos próprios direitos, conhecimentos, capacitações no que se refere a moderação do Estado, e o expansionismo da liberdade política. No mais, não há nada mais temeroso aos maus ministros do que uma sociedade consciente à falsa simetria de liberdades políticas, econômicas e individuais, quando comparadas com as elite estadista de uma nação, que não mais governa pela segurança longínqua e sólida da sociedade, mas, sim, somente da própria classe. Democracia federativa representativa é a evolução dos sistemas de servidão, a evolução das monarquias que não mais utilizam da ignorância religiosa, mas moral, ao passo que se assemelha à Idade das Trevas Contemporânea.

CAPÍTULO XI

DA ANTIGA POLITEIA

A Politeia ou a Cidade Ideal desde os tempos de Platão tem sido um farol para a busca de uma forma de governo justa e equilibrada. Entretanto, ao aprofundar na evolução da política e das democracias, é evidente que a Politeia, concebida em um contexto contemporâneo como uma utopia de justiça e virtude, tornou-se um ideal distante, dando lugar a uma democracia frequentemente corrompida por interesses egoístas e instituições enfraquecidas. Ainda assim, a consagração do desenvolvimento tecnológico reacende a possibilidade de reavir tal modelo que busca abranger a maior gama possível de envolvidos políticos na sociedade.

A Politeia, conforme vislumbrada por pensadores como Platão e Aristóteles, representava uma sociedade em que a justiça, a virtude e o bem comum eram os pilares fundamentais. Nesse modelo, os governantes seriam os mais virtuosos, comprometidos com o bem-estar de todos, e a educação desempenharia um papel crucial na formação de cidadãos éticos e politicamente engajados. Era uma visão na qual a busca pelo poder pessoal cedia espaço à busca pela justiça e pelo bem da comunidade. Em um contexto moderno, os governantes, como os mais virtuosos, abrem espaços para uma sociedade soberana direta ao invés de representantes que delineiam seus poderes pelas pautas eleitoreiras.

No entanto, ao longo dos séculos, essa utopia da Politeia cedeu lugar a uma democracia representativa que, embora supostamente preservasse alguns dos ideais de igualdade e participação, frequentemente se afastava de sua verdadeira essência. A busca incessante pelo poder político e a centralização dos equipamentos sociais e utilitarismo, aliada à corrupção, levou à erosão dos princípios democráticos. Em vez de líderes virtuosos, muitas vezes, testemunhamos a ascensão de políticos cujos interesses pessoais superam o compromisso com o bem comum, assim como a imposição da ignorância política e social.

A democracia, uma vez vista como a voz do povo, passou a ser frequentemente manipulada por aqueles que detêm o poder econômico e político, resultando em uma aristocracia democrática, em que a vontade do povo é muitas vezes subjugada pela manutenção dos poderes dos maus ministros, bem como sua presença parlamentar. Os sistemas eleitorais, originalmente concebidos para dar voz ao cidadão comum, muitas vezes são distorcidos por influências externas e financiamento de campanhas. Assim, a concepção de que governar não passa de uma opção entre males e, supostamente, aumentar a felicidade do maior número de pessoas em uma sociedade cede espaço para uma democracia populista, que não mais governa pela virtude antes concebida na Politeia. As razões erradas para se governar corroem esse sistema, levando à democracia representativa.

Além disso, as instituições democráticas, que deveriam servir como salvaguardas contra o abuso de poder, muitas vezes se enfraquecem, incapazes de impedir a corrosão do sistema, uma vez que ele é regulamentado por falsas virtudes e cede espaço para órgãos autoritários do poder. As instituições de fiscalização e controle se tornam vulneráveis à corrupção e à manipulação política, minando ainda mais a confiança do público nas instituições democráticas.

A evolução da democracia, longe da visão da Politeia, é marcada por um paradoxo intrigante: enquanto a democracia como ideal político continua a inspirar lutas por liberdade e igualdade em todo o mundo, ela também enfrenta uma crise de legitimidade e confiança em muitos lugares. A busca incessante pelo poder pessoal e a corrupção sistêmica termina em promessas de uma democracia verdadeira, na qual a vontade do povo prevaleceria. Apesar das ressalvas de Jean-Jacques Rousseau às democracias diretas, nas quais exige-se a participação de todos os cidadãos, elas estariam propensas à corrupção e à guerra civil, o pensador talvez não levara em consideração o avanço tecnológico que a sociedade vislumbraria séculos depois, bem como os equilíbrios dos poderes nos tempos modernos.[40] A soberania popular, mediante a correta divisão dos poderes, bem como a fomentação do conhecimento civil acerca das políticas públicas e o cerceamento da ignorância imposta, talvez fosse outrora inviável, mas, hoje, torna-se um meio para preservação plena das liberdades individuais.

Assim, enquanto a Politeia representa um ideal nobre e, a princípio, inatingível, a democracia, embora frequentemente vista como a forma cor-

---

[40] ROUSSEAU, 1973, p. 34.

rompida do modelo inicial, permanece como um sistema que deveria ser reformado e revitalizado, o que na ordem prática deixa de ocorrer. A busca pela justiça e pelo bem comum, que eram os princípios fundamentais da Politeia, deve continuar a guiar os esforços para restaurar a integridade da democracia direta ou da policracia e garantir que ela cumpra sua promessa de o povo governar para o povo, diretamente e livremente.

CAPÍTULO XII

DO CONFORMISMO E SUBMISSÃO

Na filosofia de Georg Wilhelm Friedrich Hegel, a questão da servidão e da dominação política assume um papel fundamental que mais tarde foi o alicerce dos debates sociais e políticos acerca da submissão e evolução social. Seu pensamento, que se desenvolveu durante o início do século XIX, aborda as dinâmicas de poder e submissão que moldam as relações humanas e a formação do Estado. Ao cruzar um paralelo, convergimos com o paradigma da ignorância imposta.[41]

Assim como Hegel, a abordagem sobre a ignorância sob maus governos e sua manipulação da fraqueza humana encontra raízes profundas nas complexas interações entre indivíduos que buscam reconhecimento e autoridades. Hegel argumentava que a servidão era resultado da alienação dos indivíduos em relação ao Estado e/ou ao sistema político. Ele via a servidão não apenas como uma condição social, mas também como uma situação em que os indivíduos eram privados de sua liberdade e de sua capacidade de autorrealização. Quando duas consciências se encontram, eles lutam por reconhecimento. Aquele que almeja a liberdade à vida torna-se senhor, enquanto o contrário, nas abordagens de Hegel, torna-se escravo. A consciência do senhor é afirmada por meio do escravo. Este, por sua vez, descobre sua consciência por meio do seu trabalho submisso ao senhor em um mundo externo. Ele sente a existência como algo tangível, externo e inalcançável.

Essa abordagem realista pode equiparar-se às abordagens políticas e sociais na contemporaneidade, no que tange não somente às relações públicas, mas aos ditames culturais da indústria.

Uma vez definido a necessidade de reconhecimento por meio de terceiros e o iludido ou submisso reconhece sua consciência por meio da submissão aos ministros utilitaristas, ele passa a reconhecer a existência como algo externo também e que somente aqueles detentores das liberdades políticas podem assumir agora a postura de senhor.

---

[41] HEGEL, 1992, p. 124.

A TEORIA DE TUDO SOCIAL: DEMOCRACIA LTDA

Tentarei perscrutar outra abordagem: a sociedade ou os ativistas que preferem a liberdade política à sobrevivência nas nações regidas por leis flácidas e brandas tornam-se senhores do próprio destino. Em contrapartida, aqueles que se subjugam à própria sobrevivência à liberdade política tornam-se escravos do utilitarismo e das elites que impõem os padrões sociais adotivos. Um estilo de vida passa ser a adotado pelas elites políticas que se sustentam sobre a sociedade de civil sobrevivente. Uma vez em plena consciência, o indivíduo raramente abrirá mão da própria liberdade para sobreviver em uma justa sociedade e o utilitarismo perde força pela alçada da consciência e da razão. O reconhecimento, por sua vez, subjetivado pelas necessidades atreladas ao ego, pode ser fomentado pela indústria e um governo. O governo utilitário, regido pelo confortismo da classe e as demagogias dos maus ministros representativos, por sua vez, na tentativa de oferecer a venda da felicidade, de modo unilateral, passa a arbitrar as liberdades sociais das minorias, para atendimento de pauta, ou se quer atender as demandas da sociedade civil.

A indústria, por sua vez, venderá uma tendência, uma moda, partindo muitas vezes da demanda da sociedade civil, enquanto o Estado partirá de pressupostos que não condizem com a realidade empírica. A imagem que se revela apresenta proporções descomunais das interferências da ignorância imposta no processo de conscientização humano, criando, assim, uma geração que não faz reflexões ou participa ativamente das políticas públicas. O conformismo ameaça o debate político, uma vez que ele se quer existe; não tendo quem ressalve, o confortismo classista se assenta no conformismo da ignorância do coletivo. A expansão das liberdades políticas representa mais do que o mero direito de regular o Contrato Social, mas atua como um processo iluminista no afastamento da Idade das Trevas moderna.

Da mesma forma, quando consideramos governos que exploram a ignorância da população e manipulam suas fraquezas, vemos uma analogia contemporânea à servidão. Nesse contexto, a ignorância imposta torna-se uma ferramenta de controle, não somente político, mas social — uma maneira de manter as pessoas subjugadas e obedientes. Assim como na servidão hegeliana, a população é privada de sua capacidade de compreender plenamente a realidade e de participar ativamente na tomada de decisões políticas. A manipulação de maneira maquiavélica da fraqueza humana, seja por meio da exploração de medos, preconceitos ou desinformação, serve como um mecanismo de dominação que perpetua a manutenção do poder dos maus governos na formação do Estado.

Da mesma forma, a busca pela verdade e pela compreensão crítica das estruturas políticas é essencial para resistir. Hegel argumentava que a verdadeira liberdade só poderia ser alcançada quando os indivíduos se tornassem conscientes de seu papel na sociedade e participassem ativamente servidão contemporânea imposta pelas democracias representativas, nas quais adotam velhos modelos regimentais. Assim como Hegel enfatizava a importância da autoconsciência e da participação política na busca pela liberdade, a conscientização e o engajamento cívico são ferramentas vitais para se opor à manipulação e à ignorância impostas por maus governos e falsos representantes.

A busca pela liberdade política, pela educação política e pela participação ativa na vida pública são estradas do essencialismo para romper as correntes da submissão aos pobres regimes representativos brandos e da manipulação da fraqueza humana, na esperança de construir sociedades mais justas e livres para atender às democracias diretas.

CAPÍTULO XIII

DA POLICRACIA

A policracia, por sua vez, talvez como uma *sui generis* ideológico, emerge como um contraponto crucial à dinâmica política representativa que espalha rama as sociedades contemporâneas, dispostas à corrupção do parlamento, com leis sensíveis e utilitaristas. Comumente a sociedade civil testemunhou a imposição de regras e estruturas que muitas vezes reprimem a liberdade individual e coletiva. A associação de grupos, vistos como formação de milícias, ganham força em um Estado Paralelo que reprime as diversas classes sociais, em especial, os grupos sociais mais periféricos das bolhas sociais. Grupos minoritários sofrem sob o jugo tirânico do Estado, da fragilidade jurídica e de Estados Paralelos e, corriqueiramente, indivíduos são cerceados na busca fontes do expansionismo intelectual e dispostos à ignorância dos governantes e à razão para além dos dogmas estabelecidos.

A compreensão da natureza humana revela que somos essencialmente seres caóticos, moldados desde o nascimento pelo círculo social em que estamos inseridos, mas que somente o indivíduo para com ele mesmo possui as virtudes para delinear os próprios princípios e personalidade, desde que compreendido por isso. O contrato social ou a constituição que rege a nação na qual nascemos circunda como primeiro acordo ao qual nos submetemos sem nosso consentimento consciente. Em razão disso, deveria ser revisto à luz da liberdade individual. Assim como uma árvore enraizada no solo da ética, do constitucionalismo e do republicanismo, o Estado passa a moldado por esses princípios, porém geridos pelos cupins que corroem os troncos da soberania popular, em detrimento pessoal. A democracia que, por sua vez, deveria ser uma árvore que floresce livremente, convergindo a diversidade de ideias e soluções da sociedade, depara-se, muitas vezes, diante da democracia limitada pela representação.

A democracia direta ou policracia buscaria permitir que todas as folhas dessa árvore político-social tenham o direito de difundir suas ideias e soluções para a sociedade, de maneira direta, descentralizada e eficiente.

O problema encarado nos tempos das políticas modernas reside na má representatividade e nos interesses próprios ou partidários que, muitas vezes, nublam a visão dos representantes e de seus deveres no parlamento, atendendo à própria tendência e fomentando a perpetuação de uma oligarquia institucionalizada que mina a democracia. Estabelecer um equilíbrio entre a vontade popular e a necessidade de evitar a tirania das massas soa como o mínimo que deveria reverberar nas democracias. Contudo, a baixa solidez na segurança dos contratos sociais nos países que apresentam uma frágil sociedade civil — em detrimento de um poder jurídico instável e leis débeis, que regem à sociedade civil — deve ter o direito de participar diretamente na política, desde que devidamente informada e educada sobre as políticas públicas, a fim de não instaurar uma nova oligarquia "dos informados".

O sistema político, diferentemente do que defendem as revoluções de séculos atrás, não precisa ser expurgado, mas expandido de baixo para cima, com decisões coletivas submetidas à sabedoria do povo, mas sem que a ignorância imposta prevaleça. Ao conhecimento geral de que o governo não se interessa em expandir as liberdades políticas para a sociedade civil ou atribuindo uma série de condições, vem-se à luz as faces dos tiranos autocratas que governam em função dos próprios interesses e benefícios de classe, como incentivo à permanecia da déspota. Destruir, extinguir e começar uma nova realidade a partir do racionalismo humano é simples e, em primeiro momento, soa eficaz. O conserto e busca por resoluções para um modelo social quebrado reside na dificuldade daqueles que se guiam pelo juízo de valor comprometido pela ignorância sincera.

Dessa maneira, a liberdade política direta passa a ser um direito fundamental, garantindo a participação ativa na política e o direito de influenciar o Estado em que vivemos por meio da policracia. No entanto, a política racionalista, que se baseia em ideologias e abstrações, muitas vezes, subjuga a sociedade civil em prol da autopreservação e promoção dos líderes políticos. Faz-se necessário a moderação racional e apartidária do Contrato Social, ao passo que a imposição de valores ideológicos desbancaria a democracia em uma guerra civil de interesses, uma vez que as vontades do ser humano são ilimitadas. Conhecendo essa natureza maleável do ser humano, a policracia poderia ser tão ameaçadora quanto necessária para a preservação da liberdade individual e coletiva. Faz-se necessário também um juizado para intermediar os conflitos de interesses.

A TEORIA DE TUDO SOCIAL: DEMOCRACIA LTDA

O desafio de moldar uma sociedade em que a voz de cada indivíduo seja ouvida e respeitada reflete um próximo passo do desenvolvimentismo social e político; no qual a árvore da democracia possa florescer livremente, com todos os seus ramos contribuindo para o bem comum. A policracia é uma busca pelo equilíbrio entre a liberdade individual e a responsabilidade coletiva, uma tentativa de cultivar uma democracia verdadeiramente participativa e direta por meio do advento tecnológico.

A noção de "policracia" nos faz refletir sobre a dinâmica política e social que governa nossa sociedade. É uma tentativa de trazer a verdadeira essência da democracia, na qual o poder é devolvido às mãos das pessoas e a voz de cada indivíduo é respeitada e valorizada. A participação direta na política não é apenas um direito, mas também uma responsabilidade. É a maneira pela qual os cidadãos podem moldar ativamente o curso de sua sociedade e manter segura para as próximas gerações, além de influenciar políticas públicas e buscar o bem comum. No entanto, para que a policracia funcione efetivamente, é fundamental que os indivíduos sejam devidamente lesionados acerca dos direitos, deveres e da política, ao passo de que, na juventude, possam moderar os fóruns e câmaras provinciais, livremente, coligando atividade política, educacional e econômica. De nada valerá a conquista pelo direito direto, se não haver quem faça valer tais direitos. O exercício da cidadania passa ser o cerne da democracia direta.

A educação política é o assentamento dos pilares democráticos direto, seja pela promoção da cidadania ou dos debates políticos, para que assim moldem os Contratos Sociais. O acesso moderno as informações precisas capacita os indivíduos a analisar criticamente as questões de pauta. Cidadãos responsáveis que podem tomar decisões informadas. Isso impede que a democracia direta se torne uma ferramenta para a promoção de interesses individuais ou partidários. Além disso, a policracia não buscaria eliminar a representatividade, mas sim complementá-la e expandi-la. Os representantes eleitos ainda desempenham um papel importante na política, mas sua responsabilidade é prestar contas à sociedade civil, que tem o poder de desafiar suas decisões e propor alternativas. De tal modo, torna-se fundamental a adoção de políticas de repartição de deveres das instituições regionais, como a colocação de modelos confederativos.

A verdadeira democracia não deve ser limitada a escolher entre candidatos pré-selecionados, mas, sim, permitir que todos os cidadãos tenham a oportunidade de participar ativamente na formulação e implementação de políticas públicas, uma vez que nem sempre os políticos nas urnas condizem com nossas vontades. Para que as vozes daqueles que não são devidamente representados e o voto de protesto não se torne um mero dado, é necessário a expansão das liberdades políticas asseguradas somente aos parlamentares. É uma visão que valoriza a diversidade de opiniões e perspectivas, reconhecendo que a verdadeira força de uma sociedade reside em seu povo e não em aristocratas que alçaram os palanques políticos pela popularidade.

Logo, o direito ao voto não necessariamente se implica a uma democracia plena, mas ao que os pensadores clássicos chamavam de razões erradas para se governar. Nem a popularidade, nem a meritocracia devem ser quesitos para a alçada ao poder representativo. Em suma, a representatividade pode ser tão flexível quanto a moralidade, adotando posturas sociais populares apenas para a garantia do exercício do cargo. Gradativamente, seja pela ignorância imposta ou pela noção das instabilidades políticas e jurídicas de um país, a sociedade passa a perder a credulidade nas democracias representativas e, não havendo mais quem os questione, de fato, a sociedade em questão está disposta a viver na corrupção e na tirania dos oligarcas no poder.

Esses que assumem suas cadeiras diante da ignorância ou no descrédito na democracia pautam-se nos argumentos utilitários de governança para, supostamente, evitar as injustiças. Mas não havendo plena liberdade, somente as asseguradas pelo poder político, o governo passa evitar as injustiças, com exceção daqueles cometidos por eles mesmos. O povo recusa o governo de homens virtuosos, por desconhecerem as próprias e se quer serem instigados a conhecê-las.

Essa teoria política é uma aspiração para uma sociedade na qual a liberdade individual e a participação ativa na política sejam o alicerce da governança. É uma chamada para a fomentação das educações políticas nas instituições, para o engajamento cívico e para a busca constante da justiça e da igualdade política. É um convite para todos os cidadãos se tornarem agentes de mudança em suas comunidades e sociedades, para que juntos possam construir uma sociedade diretamente justa e democrática.

13.1 Devemos abolir os benefícios da classe política

O político tende a reafirmar sua existência por meio do reconhecimento do utilitarismo à sociedade, isto é, aos serviços prestados a ela ou, em especial, ao eleitorado. A política não deve ser palanque de popularidade ou palco de bonificações por feitos mínimos que merecem dado reconhecimento à prestação de serviço, uma vez que assumem um cargo público, a fim de servir à sociedade civil. A classe política, assim, estabelece uma relação representado-representante (analogia à abordagem hegeliana do senhor-escravo) com a sociedade civil, de modo que o utilitarismo e ideologias impostas pela classe tornam-se ferramentas de blindagem da elite pública, traduzindo, assim, as justificativas pelos seus exercícios nos cargos e as regalias. Desse modo, justificado pela elite pública à sociedade civil, o ato de reconhecimento, sustentando à classe do topo da pirâmide de poder em função da base.

O sistema passa a se retroalimentar, não mais seguindo uma linha pragmática singular, mas um ciclo vicioso, no qual a tendência é a inflação da bolha da tirania em detrimento da corrosão sistemática dos moldes democráticos. A classe política nada produz que possa sustentar as próprias regalias, mas a sociedade sim. A elite pública precisa reafirmar sua existência em detrimento de seus representados, uma vez que a sociedade civil produz em virtude da contingência do contrato social — moderado pela própria elite pública —, fomentando, assim, as correntes de sustentação de privilégios elitistas e das liberdades políticas amplas.

As blindagens políticas e os privilégios garantidos aos membros da elite pública são um fator-chave que garante a perpetuação de maus ministros e seus regimes longínquos e, pior ainda, influenciam as futuras gerações de seus herdeiros a trilhar os mesmos caminhos na alçada pelo poder e pela manutenção de sua classe privilegiada. Quando a elite pública, por sua vez, deixa de prestar contas à sociedade civil, ela se isola em uma categoria que não mais se identifica com a sociedade em geral, mas, sim, com as bolhas de interesses exclusivos da própria elite.

No entanto, o exercício do poder político não deve ser confortável, nem excessivamente burocrático a ponto de atrasar a busca por justiça e a eficiente tomada de decisões executivas para a nação. É necessário encontrar um equilíbrio que permita a governança executiva eficaz e, em paralelo, uma moderação legal, responsável e sensível às necessidades da sociedade. O poder legislativo, como o alto maior de uma democracia representativa, assumiria essa postura, mas que, em democracias representativas, guiadas principalmente pela fomentação dos interesses dos maus ministros, coloca em risco não somente a justiça do país, mas o Contrato Social que dissolve em caos e ruínas, nas quais os escombros ainda permearão os Estados Paralelos para regular as condutas sociais.

Alguns dos problemas recorrentes presentes nas democracias limitadas são a fragilidade e a constante alteração dos Contratos Sociais por meio das assembleias constituintes — muitas vezes, instigadas e ministradas por antigos governantes intransigentes.

Antes fosse para meramente moderar leis antigas e reformulá-las, mas, sim, isso muitas vezes serve apenas para preservar os benefícios da elite política, especialmente quando a reforma é conduzida por ex-membros do parlamento que têm interesses pessoais para a sustentação do cargo. A Constituição, que deveria ser um contrato justo entre o governo e o povo, torna-se, na prática, uma ferramenta de sustento das elites políticas, assemelhando-se às monarquias parlamentaristas do passado. Os maus ministros, dentro do sistema democrático representativo, têm o poder de moldar os artigos e incisos da lei, de acordo com suas conveniências, principalmente para atenuar seus próprios benefícios e seguranças.

O exercício político não deve ser uma busca por segurança e conforto individual, baseado em altos salários e benefícios exclusivos da classe. A administração do país deve ser um processo rigoroso e exigente, com foco na virtude e no bem comum, em vez de ser orientada pela ganância e pela busca por lucros pessoais, o que, muitas vezes, leva à restrição das liberdades econômicas da sociedade civil em benefício próprio.

A governança movida pelo conforto é um dos principais fatores que corroem as democracias representativas. No entanto, os governantes não deixariam de buscar o conforto, senão houvesse incentivos para isso, o que abriria espaço para a corrupção e a influência de lobbies poderosos e, assim, uma nova autocracia surgiria. É necessário um sistema de incentivos equilibrado, incorporado em regimes policráticos que pudessem promover a participação popular e o progresso, sem prejudicar a estabilidade econômica ou afetar negativamente o mercado.

A busca pelo poder e pelo conforto pessoal por parte da elite política pode ser problemática, ao ponto de corrosão da democracia representativa e ao bem-estar da sociedade como um todo. A elite pública passa a se distanciar da sociedade civil e busca os próprios interesses em detrimento do bem comum, que minam a confiança da sociedade civil nas democracias e no sistema legal, desse modo, fomentando o sentimento de revolta pela impunidade e injustiças sociais e econômicas, quando analisadas as falsas simetrias de poderes e direitos.

É precipuamente fundamental encontrar um equilíbrio entre a governança eficaz e a responsabilidade, para garantir que o exercício do poder político seja baseado na virtude e no interesse público, em vez de servir aos interesses pessoais de uma elite privilegiada.

A quebra das correntes atracadas pela elite política só será alcançada com a consciência de autorrealização individual dos representados e com a sociedade civil moderando diretamente a si.

13.2 O incentivo dos créditos sociais de participação

Nas últimas décadas, um modelo de regulação social tem pairado e difundido nos países mais autoritários do mundo. O chamado Crédito Social que se assemelha aos antigos métodos de castigos do Confucionismo. Em vez de impor leis rígidas, o pensador chines Kong Qiu — o qual veio receber o título de Kong Fuzi — narra em suas compilações acerca dos deveres dos soberanos, ministros e o povo e aponta que a melhor maneira de lidar com o crime seria impor um sentimento de vergonha por um mau comportamento. Para Kong Fuzi, apesar de as pessoas evitarem cometer crimes quando guiadas pela lei e subjugadas pelo castigo, elas tendiam a não aprender o verdadeiro e subjetivo significado de certo e errado.[42] Desse modo, apenas quando guiadas pelo respeito ao soberano e pelo exemplo, desenvolveriam o senso de vergonha pelas contravenções e, assim, aprenderiam a ser bons. A filosofia moral do Confúcio combinava as ideias de bondade e sociabilidade inatas da natureza humana.

Essa linha de pensamento permeou e não desapareceu por completo dos regimes da China e teve uma influência sutil na sua estruturação até a Revolução Cultural e a China moderna. A concepção da vergonha enquanto parâmetro de análise social e política dos indivíduos talvez fosse válida em estruturas familiares conservadoras, onde a relação tende a se estruturar no paternalismo, com uma figura central sendo a referência gravitacional das famílias. Em relação ao Estado e a um governo, tal atribuição regimentar dispunha a sociedade ao autoritarismo dos maus governantes, uma vez que o Estado passa a regular a privacidade individual e a liberdade, moldando os parâmetros de bom e mal e aplicando-os na sociedade civil de maneira arbitrária.

---

[42] FUZI *apud* KELLY, Paul *et al.* (ed.). *O Livro da Política. tradução Rafael Longo.* 2. ed. São Paulo: Globo, 2017. p. 22.

Modelos de coerção social regulamentam por meio não da participação civil na sociedade, mas das contravenções que criam um incentivo de comportamento pelo medo, semelhantes aos moldes do behaviorismo do psicólogo Burrhus Frederic Skinner, condicionando a sociedade pelo medo, uma vez que suas liberdades individuais não só deixam de ser preservadas pelo Estado e pela lei, mas, mas julgadas pela sociedade civil[43]. Um modelo de ordenação social não mantém os equilíbrios de uma sociedade justa, uma vez que, para que haja ordem, é necessário, de alguma maneira, arbitrar em algo e a natureza, por sua vez, guiada pelo caos orgânico, deixa de atuar e passa ser subjugada de maneira opressiva.

Diferentemente dos modelos orientais, com o behaviorismo atrelado subjetivamente à cultura do países e fortificado por fortes lideranças armadas e repressão ao cerne da comunicação social, como redes sociais e outros meios de comunicação regulados pelo Estado, os países do ocidente, partindo de uma contracultura iluminista, que visavam subtrair às elites totalitárias, como monarquias, talvez não fossem tão adeptos ao modelo social de coerção, uma vez que iriam contra aos princípios que tangem o iluminismo e estão tão atrelados à cultura dos povos do Ocidente quanto o confucionismo no Oriente. Em uma justaposição ao modelo de submissão dos créditos sociais autoritários, os modelos policráticos passariam adotar os Créditos Sociais de Participação (CSP) fundamentado em uma relação ganha-ganha, sendo adquirido principalmente por participação popular nas assembleias legislativas e participação direta na política. Outros modos para aquisição de verba poderiam ser adotados, como participação de serviços comunitários, realização de metas de educação e desempenho ao empreendedorismo social. Para a sua gestão, por sua vez, partiria tanto das políticas públicas quanto das iniciativas privadas ou, em melhores instâncias, um modelo mesclado, sendo responsáveis por regulamentar e gerir o sistema de CSP, garantindo justo retribuição mediante a participação direta na moderação dos contratos sociais vigentes.

Um dos principais desafios econômicos contemporâneos está atrelado justamente às desigualdades de bens, em função dos recursos limitados do planeta. Até que seja estabelecido um modelo econômico — embora quase impossível — que garanta plena equidade, a acessibilidade aos bens de consumo e capacidade de produção devem ser fomentadas pelas economias mais desenvolvidas.

---

[43] SKINNER, B. F. *The Behavior of Organisms*: An Experimental Analysis. 1. ed. [*S. l.*]: Appleton-Century, 1938.

A TEORIA DE TUDO SOCIAL: DEMOCRACIA LTDA

Grosso modo, os incentivos gerados pelos CSP fomentariam o desenvolvimento econômico, o incentivo da participação direta nas políticas públicas, desde que definido uma polifonia social, bem como os equilíbrios de responsabilidades que não gerem ambivalências ao modelo representativo. Os CSP, por sua vez, podem assumir caráter de crédito, como seguem os modelos europeus de *vouchérs* utilizados para financiamento estudantil. Os CSP não substituiriam a moeda corrente, mas poderiam ser utilizados como moeda de troca, com valor menor à corrente, mas de fácil aquisição, sendo captada para diversos fins de aquisição.

Tirado o principal motor de incentivo ao egoísmo dos maus ministros, como os benefícios de classe e a alta renda sustentada pela sociedade civil, o parlamento deixa de ser uma bolha da minoria que busca persuadir o eleitor para se sustentar no conforto da classe e passa a estar no mesmo patamar que a sociedade civil, com liberdades políticas e acessibilidade de bens iguais — agora, o quão desconfortável seria para esses que crescem na zona de conforto das políticas públicas aceitar expandir as liberdades em prol do renovação social e abolição dos penduricalhos de sustentação de bem-estar político e somente este?

CAPÍTULO XIV

DA MIDIÁTICA

Na contemporaneidade, com o avanço exponencial da tecnologia, o medo se tornou um fator predominante e simbiótico para com a raça humana, criando um ciclo vicioso na sociedade, no qual passa a sucumbir em razão dele, fomentado ainda pela midiática e a centralização do poderio comunicacional, a comunicação social torna-se um fator decisivo na derrocada das democracias para a corrupção.

Se deseja saber o quão democrático um país é, busque saber quantos veículos de comunicação livres proliferam suas visões distintas de mundo. Não há nada mais autoritário do que a tentativa de minar o chamado "Quarto Poder" da sociedade, intermediando as relações entre a elite pública em seu estado autocrático e a sociedade civil submissa a tal regime.

Para sermos justos, a presença do quarto poder na sociedade entra em contradição com as concepções da democracia representativa no modelo de tripartição. Essa instituição teórica, representada pela interação entre a sociedade, os meios de comunicação e a imprensa, traz consigo ambiguidades em relação aos elementos institucionais da democracia. Em políticas democráticas maduras e influentes, os poderes executivo e legislativo são diretamente indicados pela sociedade civil, enquanto o judiciário é nomeado com base em critérios meritocráticos pelo executivo ou via concursos públicos. A necessidade da existência de um "Quarto Estado" formado pela livre imprensa e midiática composta pela sociedade civil reflete a fragilidade das democracias representativas, nas quais a mídia muitas vezes não desempenha um papel de regulação direta mediante aos demais poderes, uma vez que as liberdades políticas dessas entidades são limitadas em comparação com as liberdades parlamentares. Diante de um regime democrático que apresenta sinais de erosão, a imprensa não assume outra postura, se não a parcimônia de correspondentes da sociedade, e noticia apenas as contingências desta, bem como as opiniões predominantes nas bolhas sociais. Estas, por sua vez, são dispostas à ignorância imposta daqueles que efetivamente detêm as liberdades políticas e de influência direta.

O medo pode ser acarretado pelas inseguranças e suspeitas individuais do mau, que remete ao medo do inevitável. Esse processo da desconfiança fortifica a individualização do sujeito, diminuindo o senso de humanidade individual para com outros semelhantes, ainda mais reforçado pela atuação da mídia sensacionalista ou meramente informativa, e o acesso à informação. Essa idealização subjetiva do homem com relação ao mau volta novamente ao medo, agora que as desconfianças possuem suas características definidas, impostas pelas informações coletadas, analisadas, interpretadas individualmente, o que pode ser corroborado pela mídia ou a partir de pressupostos culturais.

Diante disso, a mídia possui o papel de informar e narrar os acontecimentos à sociedade, com linguagem de fácil compreensão para com seu público, sem elitizar as comunicações, abrangendo ao máximo as classes sociais. Contudo, disposto desse serviço, os veículos de informação possuem a capacidade de influenciar a maneira com a qual tais acontecimentos podem ser interpretados pelos telespectadores e até forjar matérias de maneira sensacionalistas em benefício institucional ou para imposição de uma ideia. Quanto centralizados os veículos que possam propagar a informação e a narrativa, a democracia assume o Estado de quase plena corrosão, prestes a cair no autoritarismo, uma vez que a sociedade civil não mais possuí outro meio para se informar e estabelece-se uma caverna de Platão pela ignorância imposta. É necessário a pluralidade e a liberdade, começando também pela imprensa.

É importante ressaltar a capacidade dos controles das emoções por meio dos veículos de comunicação e até influenciar opiniões de massa — tendo em vista que os cursos de Jornalismo contam com estudos de psicologia nos centros universitários. Embora a princípio o ideal seja de que os indivíduos formem suas próprias opiniões, uma vez que é disposto pelos contratos sociais, supostamente, mais democráticos à livre manifestação do pensamento, sendo vedado por muitas vezes anonimato. Isto é, o direito à livre expressão, desde que o indivíduo recorra sobre suas falas, em vista que possa estar propagando uma falácia, prejudicial à democracia plena. Logo, indivíduo deverá arcar com as resultantes proporcionalmente às consequências dessa mentira à sociedade, como propagação de uma *Fake News*.

Dessa forma, o medo, assim como outras reações dos populares, pode ser controlado pelos veículos de comunicação, pela maneira que é propagada a matéria, escrita ou narrada. A partir dessa condensação comunicacional, filtrada pelos poucos veículos da midiática, torna-se viável a colocação da ignorância imposta pelos maus ministros.

Vale ressaltar neste parágrafo, ainda, que a imprensa tende a vender o que o povo demanda, bem como funcionamento da utilidade marginal na economia. Porém, ainda distinguindo-se de um bem a ser adquirido, a informação e comunicação são um dinamismo da sociedade para com ela mesma.

Essa hipótese pode ser analisada e observada no cotidiano. No ano de 2017, uma matéria do jornal estadunidense *The New York Times* denunciava os assédios sexuais do diretor Harvey Weinstein, em Hollywood, publicada em 5 de outubro daquele ano, sendo um estopim para um dos movimentos feministas mais importantes da década, denunciando os assédios sexuais dentro das empresas por todo os Estados Unidos, chamada *#MeToo*.[44]

Essa exemplificação demonstra o poder midiático para com a manipulação de massas, de maneiras convenientes ou não. É tudo em função de uma demanda, da sociedade para com ela mesma, uma vez que é livre a manifestação. Quando dirigida por cartéis midiáticos, principalmente liderados pelo medo imposto das oligarquias, os veículos de comunicação e as redes sociais passam a ser minadas pelos maus ministros, que dizem promover a liberdade de expressão e a paz nas redes. O que muitos dispostos pela ignorância desses falsos bastiões da moralidade deixam de compreender são os meios autoritários para essa alçada.

Diante dessas análises e comentários e com uma época carente de incertezas, das quais as verdades podem ser manipuladas, tornando o medo indissociável do humano, o ambiente liquido-moderno possui uma constância de periculosidades e desconfiança por parte de nossos povos, fomentada principalmente por regimes políticos que passam a exercer suas funções em virtude pessoal ou do próprio partido. Isso faz com suspeitas sejam geradas até em nossos atos de solidariedade, tendo como algo raro as ações altruístas. Muitas vezes, julgados por terceiros ao presenciarem uma boa ação, seguido pelo olhar de desaprovação "como é ingênua". Embora sejam casos isolados, realmente há quem queira tirar proveito da situação, o que diminui a esperança sobre a evolução da sociedade e a defesa na democracia. Ainda se tratando de uma realidade utópica e que para a alçada disso dependa da benevolência daqueles que detêm os poderes legislativos, a democracia direta torna-se um símbolo de esperança para a plenitude da confiança política e social.

---

[44] KANTOR, Jodi. *Ela Disse:* Os bastidores da reportagem que impulsionou o #MeTo. Tradução de Débora Landsberg. São Paulo: Companhia das Letras, 2019.

A realidade empregada é que no mundo tangível não é como as perfeições da metafísica. O mundo é relativamente amplo, com universos subjetivos, construídos nas mentes de cada indivíduo desde o "Big Bang do nascimento" na cama do hospital. Moldar uma sociedade ideal é uma teoria relativamente vaga para os dias atuais, visto que a individualização é extremamente condicionada, ainda seguido pelos instintos primitivos do homem: a necessidade de sobrevivência, nem que para isso sobreponha a um semelhante. Ainda assim, há um longo processo educativo na humanidade a ser aplicado. Atos altruístas geram o mesmo de mesma proporção, assim como a terceira lei de Newton (princípio da ação e reação), afinal, a física estuda os fenômenos da natureza, e nós estamos contidas nela.

CAPÍTULO XV

DA CORROSÃO

Acerca do processo de constitucionalidade, o controle de das leis só possui significado rico quando considerado sob a perspectiva de um autêntico ideal de constitucionalismo. Tratando-se de uma democracia limitada, por sua vez, fundamentada de uma sociedade frágil e politicamente instável, sem garantias e deveres de que o contrato social vigente esteja engessado nesses ideais constitucionalistas, dispõe a sociedade civil, bem como as entidades políticas de incertezas e corrosões. Essas corrosões são a derrocada das democracias para oligarquias ou tiranias. Quanto maior o número de processos constituintes do país, maiores as incertezas políticas e sociais daquele povo. Como um ignorante capitão de um navio que navega em alto mar, somente pela presunção do conhecimento marítimo e banalizando por completo os mapas fornecidos pela tripulação.

Esse ideal está intrinsecamente ligado à dignidade humana, uma vez que a busca por reconhecimento da própria humanidade como portadora de direitos, traz à luz o conhecimento acerca do próprio ser e por meio da noção fundamental de limitação da natureza selvagem.

Se as experiências passadas do constitucionalismo não foram capazes de alcançar plenamente esse propósito, as democracias representativas mais instáveis e inexatas tendem à corrosão pelo ego do materialismo da classe, almejando o luxo, ao invés do bem social. É inegável que o princípio constitucionalismo sempre almejou o bem comum, alcançando a maior gama de indivíduos possíveis, originando-se da disposição moral da sociedade, catalisada pela consciência do sofrimento, da miséria e da infelicidade vivenciados pelas gerações passadas em uma sociedade que as negligencia, enquanto detentoras de direitos, eram banalizadas pelas elites burguesas dos séculos passados. O constitucionalismo hoje não é só uma série de códigos dos direitos e deveres sociais, mas o manual da convivência social. Mas se a constituição é tão crucial e intrínseca à vida humana, por que as democracias representativas deixam de abordar o tema nas primeiras formações de

A TEORIA DE TUDO SOCIAL: DEMOCRACIA LTDA

jovens, elitizando o conhecimento somente para aqueles que utilizarão do texto em prol pessoal, como advogados e juízes? Dessa forma, a democracia representativa deixa de ser um regime de todos e assume caráter aristocrático, onde não somente as minorias ficarão à disposição da ganância e ignorância imposta pela maioria, mas se tornam servos de um texto que não podem alterar se não pela benevolência daquele eleito para moderar o contrato.

Em outras palavras, o controle de constitucionalidade das leis somente faz sentido no contexto da ideia original do constitucionalismo, uma vez que a constituição, o instrumento pelo qual o constitucionalismo e o republicanismo se manifestam, é essencialmente uma carta que proclama que as relações de poder devem se basear nos direitos fundamentais e na impossibilidade de concentração do poder. Isso é feito com o objetivo de garantir a preservação dos direitos incorporados pelo regime em um avanço no processo civilizatório.

Se a principal função do controle de constitucionalidade das leis é impedir um retrocesso histórico por meio da capacidade de anular decisões ou leis que impelem os direitos fundamentais, os quais caracterizam o verdadeiro constitucionalismo, esse controle se revela uma tarefa de extraordinária importância sem precedentes no regime da sociedade. Essa responsabilidade não recai apenas sobre um indivíduo ou alguns, mas sobre toda a coletividade. O processo constitucionalista e o direito à liberdade política direta não devem ser limitados apenas a uma classe, mas transbordada para toda a sociedade civil, a fim de expandir e preservar os direitos fundamentais, que alteram de maneira pusilânime na história. O controle de constitucionalidade das leis emerge como algo inextricavelmente ligado à democracia, pois visa em sua essência assegurar efetivamente o respeito a uma ordem que reconhece certos direitos inalienáveis e imprescritíveis para todos os seres humanos. No entanto, isso não significa ignorar que a marca da democracia reside na criação social de novos direitos, que vai além da mera preservação dos já conquistados, mas, sim, na expansão dos já existentes. Com base nessa lógica, o controle de constitucionalidade das leis não se aplica somente a leis, atos ou decisões que se referem a qualquer constituição, mas somente àquelas que verdadeiramente representam um esforço em prol do reconhecimento dos direitos fundamentais e da restrição do poder daqueles autocratas que buscam a constante manutenção da função, isto é, um contrato fundamentado em um arcabouço de direitos.

Assim, torna-se evidente que o controle de constitucionalidade das leis deve ser fundamentado em uma base ética, estar voltado para a realização do bem comum e, por isso, entende-se o direito à alteração direta do processo legislativo, de acordo com um projeto individual específico de modo universal. Esse projeto jamais deve ser esquecido, sob o risco de deturpar as funções das instituições do modelo de sociedade que deu origem ao constitucionalismo pleno.

É exatamente por essa razão que o controle de constitucionalidade só faz sentido quando se destina a proteger um modelo de sociedade que é resultado de um consenso histórico, que visa conferir dignidade a todos os seres humanos, uma vez que todos são detentores de direitos inalienáveis e imprescritíveis.

O processo constitucionalista, quando se inclina em direção ao abismo da corrosão, oxidado pela avidez dos maus ministros e pela ignorância imposta sobre a sociedade, assiste, com tristeza, à gradual desvanecimento dos nobres ideais éticos que deveriam engessar os direitos inalienáveis do indivíduo. Isso ocorre à medida que o coletivo, alienado e desprovido de conhecimento dos direitos que garantem o contrato social que lhe são garantidos, deixa de reconhecê-los. Em democracias instáveis, esses direitos muitas vezes são negligenciados quando surge a necessidade de um novo processo constituinte, ministrado principalmente pelos membros anteriores da classe política. Esse processo é frequentemente instaurado pelos oligarcas no poder, aonde a geração anterior a eles estabelecia as bases da convenção para uma nova reforma, uma nova constituição, assim, o ciclo se repete.

A grande questão em relação ao processo constituinte reside, principalmente, nos perigos que a sociedade civil enfrentará enquanto aguarda, com mãos atadas, a benevolência dos maus ministros, agora transformados em membros constituintes. Verdadeiros deuses sociais com o poder onipotente de conduzir os rumos do povo. Quem em sã consciência permitiria alguém a ditar os rumos da própria vida se não aqueles desafetos pela democracia e a falta de fé no arcabouço dos direitos fundamentais relativizados? Nenhum governo é bom o suficiente para governar outrem sem seu consentimento, no mais, legislar para além disso, redigir os rumos e convenções sociais e econômicas destes. São eles, os governantes, apoiando-se nos discursos utilitários e populistas que terão o poder de redefinir completamente as normas constitucionais, frequentemente preservando os privilégios de sua classe e colocando a sociedade sob o iminente risco de uma tirania que possa infringir os direitos individuais sem a devida expansão e participação cidadã.

15.1 Determinismo versus possibilismo

Uma sociedade que se mostra suscetível à corrosão da democracia representativa, ao passo de estarem diante de um princípio da autarquia decorrente de uma democracia instável e políticas excessivamente populistas, corre o risco de contrariar ou rejeitar a verdade. A busca pela verdade, especialmente em questões sociais ou políticas, requer um compromisso constante com a investigação e a indagação torna-se um ferramental essencial para evitar que a verdade caia na armadilha do conformismo coletivo e se torne uma cultura arraigada nas estruturas sociais. A promoção contínua do debate político surge como o alicerce fundamental para o florescimento de democracias estáveis, sobretudo quando é incentivada e alimentada pela própria sociedade civil.

Uma abordagem política que adota uma perspectiva excessivamente racionalista e determinista tende a sufocar a criatividade humana, restringindo a liberdade individual em prol da propagação de uma construção ideológica pré-determinada. A sociedade se torne iconoclasta em relação aos princípios fundamentais da liberdade individual e de grupos específicos, resultando em uma divisão social entre aqueles que pregam os fins e aqueles que buscam as possibilidades para alcançar esses fins, mesmo que propagado o ostracismo coletivo. O determinismo coloca uma ênfase desmedida nos fins, muitas vezes relativizando os meios para atingi-los, o que leva à adoção de filosofias que valorizam a falsa perseverança na aderência a ideais preestabelecidos.

Uma política fundamentada nesses princípios deterministas, rigidamente concebida pelo racionalismo, coloca os interesses particulares daqueles ativistas, os supostos nomes de representação, no centro do debate social. Uma sociedade que, devido à ignorância imposta e à integridade individual comprometida, tende a abraçar regimes deterministas, seja por anseio à benefícios utilitaristas até projetos de poder. Ao fazer isso, ao abandonar a busca constante pela verdade e limitá-la às agendas de interesse, torna-se um terreno fértil para a corrosão social, e, consequentemente, das democracias que passam a ser limitadas pelas pautas da maioria.

Ao reconhecer as diversas facetas da sociedade, onde as mentes estão constantemente em busca da verdade, os governos utilitaristas exploram essa disposição para adotar a ignorância imposta. Eles identificam potenciais massas fervorosas pelo molde de uma nova realidade social, muitas vezes marginalizando aqueles que se aventuram a testar diferentes verdades e possibilidades, os excêntricos. A rigidez dos regimes deterministas proclama sua ideologia como uma verdade incontestável, e a tirania da maioria resulta no exílio mental (e, por vezes, físico) daqueles que desafiam as normas estabelecidas.

Um governo sábio não deve tentar moldar os rumos sociais de forma determinista, mas sim garantir a diversidade de possibilidades e a promoção de abordagens inovadoras. Dada a natureza efêmera das verdades sociais, que raramente alcançam a solidez semelhante aos da matemática, a sociedade deve continuar a testá-las e questioná-las constantemente, sem se entregar à complacência.

15.2 Nacionalismo enquanto foco político

As filosofias nacionalistas apresentam uma abordagem multifacetada em relação à ciência política, sendo abordada por alguns como ideologia, outros como um meio para um fim. Com uma de suas vertentes pressupondo que a conquista da liberdade não tenha sido acompanhada por melhorias nas condições de trabalho por exemplo, esse pressuposto pode ser traduzido tanto para linhas ideológicas do fascismo quanto do socialismo. Essa elocubração de pensamento argumenta que, embora a riqueza geral tenha se expandido, seus benefícios foram direcionados predominantemente para uma minoria privilegiada, em detrimento da maioria da população. O nacionalismo, nesse contexto, postula que os indivíduos devem cooperar de forma colaborativa com o Estado e a sociedade civil, em busca de objetivos comuns, visando prevenir conflitos relacionados a disputas por recursos materiais, e perscrutar o desenvolvimento civil como um todo.

Essas abordagens de retórica nacionalista, quando adotadas como foco político de governo, ou seja, um meio para um fim, apresentam elementos corrosivos para as democracias representativas. O enraizado sentimento nacionalista frequentemente conduz a um declínio na integridade democrática, já que as demandas por direitos individuais são frequentemente subjugadas em prol de uma coletividade mais ampla da nação. O foco também pressupõe que as experiências de vida das pessoas durante sua formação moldam a construção de um espírito nacional distintivo, que, por sua vez, é visto como um determinante fundamental para a conformidade com as normas coletivas da comunidade em questão. Esse aspecto nacionalista passa a ser considerado como a força predominante que passa subordinar

A TEORIA DE TUDO SOCIAL: DEMOCRACIA LTDA

as identidades individuais em prol do bem-estar coletivo. Estudar esses cunhos na modernidade soa intransigente, mas essa perspectiva nacionalista que dominou o cenário europeu ao longo do século XIX, culminando na construção de um eixo nacional, frequentemente negligenciando a riqueza da diversidade cultural daquela época. Surpreendentemente, mesmo com o advento da modernidade e o avanço da globalização, os princípios nacionalistas continuam a emergir como argumentos convenientes e populistas nas mãos de chefes de Estado e de governo. A visão de que a busca dos direitos individuais é inadequada para promover o bem-estar individual se baseia na premissa de que nem todos os membros da sociedade têm a capacidade de exercer plenamente seus direitos, sendo necessário a subjugação individual ao coletivo. Giovanni Gentile, enquanto mentor filosófico do fascista Benito Mussolini, recusou a concepção de individualismo, sustentando que a parcimônia de resolução, tanto para as necessidades quanto para a finalidade de uma comunidade, bem como para a vitalidade da sociedade e a coesão estatal, residia no coletivismo.[45]

Essa perspectiva pressupõe que a busca incessante por esses direitos pode resultar em conflitos e ganância, tornando a sociedade civil vulnerável a regimes autoritários, que surgem como intermediários nessas dinâmicas sociais, postulando soluções, que eventualmente consagra-se como arbitrárias em função da liberdade individual.

A partir disso, o nacionalismo emerge como uma força desenfreada e potencialmente prejudicial, muitas vezes levando a regimes similares ao fascismo ou ao comunismo. Esse aspecto nacionalista passa a ser considerado como a força predominante que subordina as identidades individuais em prol do bem-estar coletivo, isto é, atender as demandas do Estado, mesmo que isso não necessariamente diga respeito à vontade coletiva, e, sim, de uma oligarquia.

Em análise ao nacionalismo chines da segunda metade do século XIX, um peculiar tipo de foco político nacionalista emergiu como reação ao contexto marcado por conflitos sociais e pela subordinação face às potências ocidentais. A partir de 1880, Sun Yat-Sen imergiu no âmago dos idealizadores de movimentos nacionalistas, catalisando uma revolta contra o domínio de Pequim. Sun desempenhou um papel proeminente no processo de unificação dos movimentos revolucionários chineses, sendo o arquiteto por trás da fundação do Partido Republicano Kuomintang (KMT), que posteriormente

---

[45] MUSSOLINI, Benito; GENTILE, Giovanni. *A Doutrina do Fascismo.* 1. ed. [*S. l.*]: Vallecchi, 1933.

assumiu o controle da debilitada dinastia Qing em outubro de 1911. O governo comunista chinês adotou com entusiasmo o legado de Sun, considerando-o como uma fonte de inspiração em seu caminho em direção a uma economia de mercado centralizada e à busca de uma distribuição justa de terras. A China naquele cenário anterior à Sun, era dirigida por uma Corte Imperial fraca e corrupta, dominada ainda por potências estrangeiras que viam possibilidade de ampliar seus mercados no país. O respeito pelos antecedentes chineses, bem como o patriotismo de Sun, levou a China à um modelo republicano que, na época, assemelha-se hoje as democracias ocidentais.

Paralelamente, os Estados fascistas abarcavam a concepção de tudo na sociedade, ou, supostamente tudo. Encaravam as leis como uma manifestação da vontade coletiva da nação, que se sobrepunha à vontade individual, mesmo que ações individuais fossem justificadas como preservadoras e expansores do Estado. O sentimento nacionalista serviu de base fundamentalista para a consolidação de um Estados fascista instaurado por Benito Mussolini, fazendo frente ao Partido Nacional Fascista na Itália em 1922, após a Marcha Sobre Roma, os quais buscavam a criação de um governo centralizado e robusto, em consonância com os regimes socialistas contemporâneos.

Similarmente à filosofia comunista, o fascismo almejava promover valores que transcendiam o materialismo, uma vez que esse apego levaria a cobiça e o conflito. A filosofia fascista era caracterizada pela oposição às doutrinas predominantes do liberalismo político e econômico, uma vez que as liberdades individuais devem ser subjugadas pela construção de uma sociedade plena em consonância. A liberdade individual pressupunha desordem generalizada em comparação ao fascismo, o que dentro dessa concepção, retardaria o progressismo da sociedade.

A construção de uma nação sob o regime fascista demandava a convergência de todas as vontades individuais unificadas. Por outro lado, a criação de um Estado comunista exigia a supressão da propriedade privada e da burguesia em prol das vontades coletivas também unificadas. Por dois regimes, a solidificação das massas ideológicas, postuladas pela ignorância dos efeitos de manada, dispõe a sociedade civil à tirania de regimes totalitários. Da mesma maneira que as retóricas do comunismo, o fascismo almejava fomentar valores que transcendiam o mero materialismo. E assim como Marx, Gentile aspirava que sua filosofia servisse de base tanto teórica quanto prática para uma reconfiguração das relações entre o indivíduo e o Estado, vislumbrando um novo paradigma de convivência. Para estabelecer uma

A TEORIA DE TUDO SOCIAL: DEMOCRACIA LTDA

nova nação sob ideais fascistas ou uma sociedade baseada no comunismo, foi imprescindível conformar todas as vontades individuais a uma ordem pragmática altamente regulamentada, resultando na supressão da verdadeira espontaneidade da liberdade humana. Joseph Stálin frequentemente articulou a coletivização humana como uma faceta fundamental na luta de classes, enquanto seu predecessor, Vladimir Lênin, empenhou-se na instauração de um novo sistema socialista mediante o processo de nacionalização, pelo qual propriedades privadas ativas e empresas eram absorvidas e transferidas para a esfera de controle do governo central.

As abordagens com enfoque nacionalista tendem a favorecer um populismo restritivo, onde a vontade da maioria é priorizada em detrimento das vontades individuais. Nesse contexto, o indivíduo, como a menor das minorias, fica sujeito à tirania das maiorias. O nacionalismo exacerbado leva a sociedade civil a desconsiderar nuances e a se tornar suscetível à imposição da ignorância por parte de lideranças de tendência racionalista e autoritária.

CAPÍTULO XVI

DA CRÍTICA AO POPULISMO

Em uma democracia representativa, os interesses pessoais da classe política — principalmente daqueles eleitos diretamente — caminham juntos com a necessidade de levar felicidade para o povo, a fim que sejam reeleitos. A democracia torna-se um meio visando um fim e isso passa se estender para as políticas racionalistas, que, por sua vez, fundamentam-se nos ideários governamentais.

O cerne do debate acende quando a suposta abnegação e ação altruísta dos governantes que se sustentam em pautas solidárias encontram-se desvirtuosas em seus fins. No mais, o que define a felicidade para um povo? Um governante saberia definir o que leva felicidade para cada um individualmente, sem utilizar moções básicas e ações diretas para um máximo de pessoas possíveis dispostas a um coletivo? O populismo torna-se uma ferramenta eleitoreiro dentro das democracias, não por levar de fato a felicidade para as pessoas, mas a sensação de felicidade. Uma praça reformada tende a agradar um bairro a curto prazo, mas o eventual abandono por parte do poder público àquele local, bem como as mensurações de gastos pessoais dos políticos no exercício da função deixaria o povo cético se aquilo não se passa de mera ação eleitoreira.

O populismo pressupõe, a partir do utilitarismo político, que um ato bom é aquele que produz a maior felicidade para o maior número de pessoas, resumindo a vida cotidiana à mera aritmética. A vias de exemplificação, seria válido ponderar a felicidade coletiva sobrepondo a individual, se esquecêssemos os direitos fundamentais, liberdade individual das pessoas e as construções éticas de época. Se outrora a escravidão produzia maior felicidade para o maior número de pessoas, isto é, seus senhores, ela então era um male visando um bem maior, mas que acabara por relativizar um direito fundamental como a vida daqueles subservientes. De modo semelhante, atuam os populistas da época, mas abandonando a servidão coerciva e a adotando a ignorância do coletivo, que, por sua vez, são escravos da sua própria crença fervorosa.

A TEORIA DE TUDO SOCIAL: DEMOCRACIA LTDA

Uma nova lei ou uma ação poderia ser justificada se, e apenas nessas condições, ela causasse mais bem do que mal?

A felicidade que já não se torna parâmetro analítico para legislar assume postura de ferramenta utilitária para compra de votos indiretos por aqueles maus governantes. Logo, não é função do governo representante tentar corriqueiramente lutar para fazer com que mais pessoas sejam felizes, mas garantir os direitos básicos para que os indivíduos busquem por si a felicidade, no mais, o direito fundamental de regular que a felicidade seja critério legislativo em uma casa moderadora por meio da participação direta.

Essas abordagens utilitaristas são diariamente referenciadas pela elite pública, argumentando que as decisões tomadas pelos governantes e suas políticas são, em média, boas para uma maioria, adotando essa maioria como números eleitoreiros e banalizando aquelas minorias até que um novo representante ascenda ao poder e o ciclo se reinicia. Dessa maneira, a felicidade como princípio político é capaz de permitir enormes injustiças, se o efeito for o contentamento coletivo, sendo plausível minimizar até os direitos básicos da minoria em prol de uma massa. Em democracias corrosivas e empoladas, essa massa, ao dispor da ignorância imposta pelos maus ministros, torna-se ferramenta de manobras, banalizando inconscientemente seus indivíduos e estabelecendo um ostracismo social fomentada pelas pautas ideológicas.

Enquanto uma sociedade disposta pela ignorância e o desconhecimento acerca das políticas públicas da nação, a qual assiste permanecer no regime populista, contentando-se com as sensações de felicidade e não questionando os direitos às condições dignas de vida, a sociedade estará fadada ao retrocesso e a submissão à elite pública. Os governantes passam a vender uma fórmula dos meios como princípio de felicidade fundamentada no ralo trabalho da classe, quando a nação desconhece as distinções entre viver de maneira digna e ter condições para viver de maneira digna. O indivíduo deve ter a liberdade para angariar os próprios recursos que garantam a felicidade e os próprios princípios para viver de maneira digna, desde que haja as condições para tal, assegurada pelo contrato social. As crises de corrosão ganham força quando essas condições são vendidas para a sociedade como princípios de felicidade, tornando-se moedas de troca ao voto.

O populismo mina a criatividade humana, dispondo o povo como mero número e as desigualdades reduzidas a aritmética para os maus ministros garantirem o exercício de sua função, rodeado pelas incoerências e hipocrisias que não são indagadas pelo desconhecimento do coletivo acerca das políticas públicas. Por outro lado, o populista encontra-se profundamente comprometido com a busca incessante pelo poder, o que, por sua vez, corrompe tanto seu coração quanto sua capacidade intelectual. Seu principal objetivo é a perpetuação do poder e, para alcançá-lo, ele recorre a uma série de estratégias que incluem a manipulação da percepção pública e o enfraquecimento das instituições democráticas.

As instituições do Estado, que deveriam servir como baluartes para garantir os princípios fundamentais da convivência social, tornam-se cenários moldados pela visão caótica do populista. Esse utiliza a flexibilidade das leis e a falta de discernimento do público para alcançar seus objetivos. Quando líderes populistas assumem o controle dessas instituições, a capacidade de moderação sobre seus representantes é frequentemente perdida, devido à escassa compreensão das complexas políticas públicas por parte do público em geral.

Os raros bons ministros que genuinamente buscam moderar a legislação em prol do bem comum são enfraquecidos pela tirania da popularidade dos populistas. Nesse ambiente, os maus ministros passam a ditar as agendas legislativas com base em considerações de popularidade superficial, em detrimento de uma análise profunda e racional. Com sua capacidade intelectual corrompida, esses ministros sucumbem às demandas da classe populista, perdendo de vista o verdadeiro propósito da legislação. As pessoas que cegamente seguem as próprias crenças fervorosas equiparam-se ao impacto de manter uma opinião sem indagar sobre as circunstâncias. Esse senso comum tende a tornar a vida estéril e as faculdades morais individuais são postas aos ferros do enfraquecimento, que, por sua vez, torna-se um campo para os abusos da ignorância imposta. Esse paralelo do bem da maioria subjugando à minoria assemelha-se às identidades culturais adotadas pelos princípios nacionalistas.

Diga-se de passagem, um dos princípios do nacionalismo, como sugerido por Johann Gottfried Herder, é que as pessoas são moldadas pelo lugar onde crescem, forjadas pelo espírito nacional e suas características. A partir desse fundamento, as pessoas passam a depender das comunidades nacionais para serem verdadeiramente felizes, logo, cada nacionalidade abrange sua essência de felicidade em si mesma.[46] O laconismo nesse princípio é a relativização da crescente globalização e a banalização da diversidade cultural em detrimento disso. Tais princípios nacionalistas negligenciam as

---

[46] HERDER, Johann Gottfried. *Ensaio sobre a origem da linguagem*. Lisboa: Antígona, 1987.

influencias sociais e econômicas de outros povos em uma nação, logo, não é a nação que abrange a essência de felicidade em si, mas o indivíduo contido nela. Ao estabelecer uma relação ao argumento utilitarista, seria válido o governo expulsar imigrantes, a fim de preservar a felicidade e a essência de um povo, o que implicaria em uma segregação cultural.

O populismo exacerbado, fundamentado pelo utilitarismo político, abre um leque de possibilidades coercitivas do governo, como a adoção adiposa do nacionalismo, o que poderia levar ao fascismo ou à adoção de revoluções pelo "bem da maioria", como o comunismo, estabelecendo uma dissonância com o idealismo democrático e os princípios naturais do ser humano, como a liberdade individual. Qualquer governo que tende a vender felicidade está construindo uma via de ignorância popular para se fazer presente no topo da classe. Nenhum governo ou governante deve definir o que é felicidade para o indivíduo, se não ele mesmo para si, sendo assim, o sentimentalismo sugerido ou imposto deve deixar de se critério para uma política pública.

16.1 Da crise econômica nos populismos

Diante de uma economia submetida ao populismo exacerbado, marcada pela implementação de programas sociais que, supostamente, deveriam promover o bem-estar da população, emerge um ciclo vicioso de instabilidades. Esse ciclo é agravado pela imposição da ignorância na sociedade civil, resultando em uma percepção distorcida do bem-estar, que se transforma meramente em uma sensação superficial.

Paralelamente, o organismo econômico da nação começa a desenvolver um câncer nas vias econômicas, liderado pela má gestão de ministros e autoridades governamentais populistas, prezando pelo discurso demagógico popular. Um governo que tende a gastar mais do que o que está disponível nos cofres públicos estabelece as bases para o déficit fiscal, recorrendo a medidas econômicas críticas, como empréstimos internacionais ou a simples impressão da moeda corrente, o que inevitavelmente leva à inflação. Esses gastos, muitas vezes gerenciados por meio de políticas populistas, acabam por gerar uma inflação prejudicial, minando o poder de compra da sociedade civil e desencadeando uma série de crises subsequentes, como o desemprego.

A sociedade torna-se vítima de grupos políticos que centralizam seu poder de governo com base na venda da ilusão de bem-estar, e essencialmente promovendo um "pseudoutilitarismo" que cativa, de forma subliminar, o voto daqueles dispostos a aceitar a ignorância imposta pela falta de conhecimento político.

Embora a premissa de tais gastos sociais possa inicialmente parecer virtuosa, a falta de uma abordagem adequada e ponderada em relação a esses temas tende a corroer a economia, resultando em efeitos destrutivos para a sociedade civil, que enfrenta crises mais graves do que o previsto inicialmente. Quando a situação econômica e social atinge esse ponto crítico, com a sociedade civil acostumada à ilusão de bem-estar, as medidas necessárias para a estabilização das crises geralmente se tornam impopulares. Isso cria uma barreira hermética ao combate das más lideranças e dos falsos messias que perpetuam essa dinâmica prejudicial.

CAPÍTULO VXII

DA POLARIZAÇÃO

O que acontece quando uma democracia que está se corroendo e já está prolificado na ignorância imposta se vê diante de uma polarização dos maus governantes e maus ministros que assumem posturas populistas?

As democracias representativas, que em sua essência devem estabelecer um arcabouço de seguranças jurídicas e sociais, visam representar e proteger os interesses de todos os cidadãos, mas se encontram diante do precipício da autocracia, quando se inclinam para a tirania da maioria e resguardado pela ignorância generalizada. Essa tirania emerge quando a maioria, impulsionada pelos sentimentos populistas de felicidade, exerce suas vontades desconsiderando os direitos, necessidades e opiniões das minorias que não compartilham dos mesmos benefícios para se expressarem.

A concepção do utilitarismo, que enfatiza a busca pela felicidade da maioria diante, é mal interpretada nesse contexto, em detrimento dos interesses das classes políticas dominantes, levando a decisões que ignoram completamente os direitos individuais e a justiça. A simplificação excessiva da política em busca da felicidade geral pode ser uma armadilha perigosa. Governos que cedem a pressões populistas — seja buscando a reeleição até um projeto de governabilidade — podem abdicar de sua responsabilidade de proteger as minorias e garantir a igualdade de direitos para todos, resultando em leis e políticas públicas que marginalizam grupos vulneráveis, corroendo os pilares da justiça social que sustentam uma democracia saudável. Mas o que acontece quando duas linhas ideológicas utilitaristas testilham entre si, estabelecendo uma polarização unilateral fomentada pelas massas dispostas pela ignorância, nos quais abdicam dos preceitos morais individuais para adoção messiânico de um governo populista? Os riscos da falta de pluralidade de pensamento e da supressão da individualidade nos advertem sobre o perigo de uma sociedade cada vez mais polarizada e radicalizada pela ignorância.

A polarização política extrema muitas vezes leva a um ambiente no qual o debate construtivo é sufocado e a liberdade de expressão é cerceada.

As visões ideológicas são radicalizadas a ponto da violência e a baderna serem os únicos meios para um único fim, logo, o consenso se torna cada vez mais difícil de alcançar.

Isso dirige a sociedade em geral a um sistema político no qual as decisões são tomadas com base em interesses partidários, em vez de considerações objetivas de bem-estar coletivo. Os maus ministros que constantemente buscam a manutenção do poder na cena política continuam a interpretar as massas como meros números eleitoreiros, relativizando os conflitos entre eles e até intensificando os conflitos pelos meios de comunicação.

A ignorância e a igualdade por meio da não violência nos ensinam que, em uma sociedade polarizada, a resistência à mudança pode ser intensa e longínqua. As visões arraigadas e o medo da desconstrução do status quo podem alimentar a oposição às necessárias reformas políticas e sociais. Entretanto, em uma democracia representativa, na qual as vozes das minorias, daqueles que não se sentem representados mais pelo parlamento e abandonam a polarização, precisam ser também ouvidas e essa resistência pode prejudicar a busca pela justiça e pela igualdade dentre essas massas. A democracia deixa de ser representativa e assume caráter limitado apenas às bolhas eleitoreiras e dispostas à ignorância. Com a queda na fé das democracias representativas, as vozes dos imparciais por não aderirem à fomentação da ignorância imposta passa ser atacada por ambos os lados da polarização, e o conceito de democracia se perde para a tirania dos populares.

Com a polarização eminente, os povos passam a recusar governos de líderes virtuosos e são subjugados pela alienação do coletivismo. Nesse momento, o voto é uma fraca ferramenta de adesão democrática, e a urna torna-se um contador de popularidade política. A princípio, uma democracia representativa não deve ser fundamentada pela popularidade, mas na abrangência do significante individual. Caso contrário, toda a sociedade civil disposta a esse estado corrosivo da democracia encontra-se fadada à servidão à elite pública, instigada ainda pela ignorância imposta que perpetua a polarização dessas massas. Note: a polarização só se estabelece diante desses critérios, como a ignorância sincera, alienação pelas fervorosas crenças e o utilitarismo político partidário. Uma sociedade consciente acerca de si percebe que um governo central justo não governa pela venda da felicidade geral, mas o raciocínio, a fim de promover as condições básicas para a busca do bem-estar individual, além das garantias fundamentais, como a liberdade política direta de atuação.

A TEORIA DE TUDO SOCIAL: DEMOCRACIA LTDA

Uma quebra nesse preceito seria validada com a extensão do voto e, principalmente, das liberdades políticas para a sociedade civil. As democracias representativas fundamentadas em brandos preâmbulos constitucionais enfrentam as polarizações de modo significativos, quando essas e a tirania da maioria ganham terreno que se estende para o parlamento e o Executivo. É essencial para a vitalidade dos governos democráticos que os cidadãos estejam cientes desses riscos e trabalhem para proteger os direitos individuais, promover a diversidade de pensamento e enfrentar a ignorância sincera. A educação política, por sua vez, torna-se um dos pilares fundamentais para a sustentação das democracias. Somente assim podemos evitar que nossas instituições se desviem do caminho da igualdade e da justiça, sem dispor a nação à ignorância e aos conflitos sociais fomentados por aqueles que desfrutam os benefícios da classe. O utilitarismo torna-se válido quando analisamos em profundidade os direitos individuais, mas perde significado moral e ganha validade autoritária e injusta quando um governo assume tal postura, em vista da adoção do utilitarismo para a perpetuação do exercício do poder dos maus governantes.

CAPÍTULO XVIII

DA CONSCIÊNCIA

A abordagem acerca da consciência humana, que por sua vez é dos fenômenos mais intrincados e cativantes da filosofia e outras áreas de estudos, está intrinsecamente entrelaçada com a existência e o funcionamento da sociedade, e encontra-se em perfeita consonância com as dinâmicas políticas e as tomadas de decisão. As virtudes da temperança e da fortaleza, que em tempos passados eram reverenciadas como atributos preciosos tanto para os seres humanos quanto para líderes, atualmente parecem ter se desvanecido, reduzindo-se a meras características de personalidade. A disposição para abraçar valores superiores aos que são impostos pelo status quo poderia, em teoria, estabelecer um fundamento para uma vida mais nobre, transcendendo a mera subsistência. No entanto, se a humanidade não se satisfaz com a realidade estabelecida, a busca por objetivos desprovidos de substância torna-se uma ocorrência frequente em sociedades utilitaristas, o que, por sua vez, a torna destituída de relevância.

A falta de compreensão em relação à natureza subjetiva dos traços da consciência e da própria essência do ser humano indica uma predisposição para uma vida carente de significado pessoal. Isso implica que não há incentivo para buscar objetivos que se distanciam do indivíduo, tornando-os alienados. Nesse contexto, o utilitarismo emerge como uma resposta a essa falsa sensação de contentamento e como um meio de vender uma forma de felicidade que só pode ser alcançada em um nível individual.

A compreensão da consciência transcende as fronteiras das disciplinas acadêmicas, abarcando nos ramos da filosofia, psicologia, a neurociência, sociologia, entre outras esferas sociais. Ainda assim, quando encurralada em relação a ignorância imposta, vê-se corroída pelo pragmatismo ideológico. Esta reflexão aponta minuciosamente e explora a rica tapeçaria da consciência humana, ao examinar o papel na sociedade contemporânea e sua relação intrínseca com o utilitarismo da classe política. A consciência, em sua essência, representa a percepção subjetiva do mundo, a autoconsciência e a capacidade de raciocinar. Ela serve como o alicerce sobre o qual os seres humanos constroem suas identidades, tanto em nível individual quanto coletivo, e as organizam de acordo com suas percepções e julgamentos. Uma análise aprofundada da consciência não pode prescindir de sua dimensão ética, uma vez que a moralidade e a ética são fortemente influenciadas por nossos valores, percepções e discernimentos, todos esses elementos sendo intrinsecamente embasados em construções culturais relativas.

Leva-se em conta que a ética não seja tão abstrata quanto a moral; pelo contrário, ela se manifesta de maneira mais concreta e prática. No entanto, é crucial ressaltar que as construções conscientes não devem ser rigidamente moldadas pelos paradigmas predefinidos pelas construções epistemológicas do Ser. Nesse contexto, nota-se a distinção, por exemplo, dos valores, princípios e virtudes: A liberdade, como valor fundamental, conduz aos princípios da plena liberdade individual e à compreensão de que restringir a liberdade alheia, não está alinhado com esse imperativo categórico. Esse entendimento encontra, por sua vez, sua base na virtude do conhecimento, destacando a importância da conscientização e do discernimento como pilares da tomada de decisões éticas.

A ética, entendida como o conjunto de princípios que orienta o comportamento e fundamentado pelos direitos humanos, está profundamente arraigada na consciência como princípio, mas que não deve ser tão intransigente ao passo de coibir qualquer mudança excêntrica alheia. Antigas concepções da consciência social, nas quais a percepção das questões sociais e a busca por justiça desempenham papéis cruciais, trazem à tona argumentos como a conscientização das lutas de classes que serviriam como impulso para a ação política e revolucionária. Por outro lado, também existiram abordagens que enfatizava a dialética como um motor da evolução da consciência social.

Entretanto, a reflexão ética contemporânea reconhece a complexidade da consciência e busca um equilíbrio entre a racionalidade e as emoções. Em um mundo cada vez mais interconectado pelo desenvolvimento tecnológico, a compreensão empática e a consideração pelas perspectivas alheias também emergem como imperativos éticos. Não mais determinista, mas, sim, possibilista.

A sociedade moderna testemunha a complexidade da política em relação à consciência, na qual a escolha dos representantes, muitas vezes, é orientada pelo utilitarismo, e a consciência se torna apenas um campo de exploração neural pelos marqueteiros. Nessa abordagem, os cidadãos procuram eleger líderes e legisladores cujas políticas visem maximizar o bem-estar coletivo. Contudo, a relação entre a consciência e o utilitarismo é intrincada, pois as decisões políticas frequentemente exigem a ponderação de valores individuais e coletivos, principalmente no que tange às bolhas partidárias. A consciência desempenha um papel vital na avaliação das políticas propostas pelos candidatos políticos. Os eleitores, guiados por seus sistemas de valores, tomam decisões informadas com base em suas percepções de justiça, igualdade e justiça social, constituídas pela falsa conscientização acerca desses temas vendidos pela elite política. Dessa forma, tanto a consciência individual quanto a coletiva moldam o processo democrático representativo tendencioso e vicioso de uma sociedade. Apenas dispostos ao conhecimento de área e à fomentação da educação de base, a sociedade passará a indagar as instituições que empenham seus valores sobre a sociedade civil.

18.1 Os limites do ator racional

Líderes autocratas, uma vez dirigindo os rumos do Estado, beneficiam--se das incertezas de demais autoridades políticas nacionais e internacionais, ao passo de falharem em antecipar as aventuras estrangeiras. A noção de que o ser humano é um ser racional, por vezes, pode ser cabida de análises e perscrutações acerca de certos ditames e condutas associadas às condutas em determinados estados de condicionamento situacional.

O determinismo causal molda a relatividade da conceituação racionalista. Formuladores políticos e analistas costumam fundamentar seus silogismos na noção do "ator racional". O modelo pressupõe que os atores envolvidos agirão de forma racional, conveniente e estratégica para tomar suas decisões. Esse modelo de espúria analítica prevê que os líderes buscarão objetivamente suas metas, após uma minuciosa pesquisa do cenário determinista, bem como a consideração das informações disponíveis, além de mensurar os custos de diferentes tomadas de decisão. Esse modelo fundamenta-se em que o ser humano buscará preservar a si e, em função disso, tal modelo de perscrutação seja útil para prever tomadas de decisão de bolhas contratuais e ministros. Contudo, ele também busca estabelecer uma persona, que muitas vezes abandona fatores cruciais na traçada de personalidade desses atores políticos, seja ao iniciar uma guerra ou demover um tratado de acordo. Ou seja, nem mesmo as características que moldam um ser racional traduzem o que de fato o ser humano é, logo, a inviabilidade de prever uma tomada de decisão que atenda fatores lógicos.

A TEORIA DE TUDO SOCIAL: DEMOCRACIA LTDA

Esse modelo de concepções tem lastros fundamentais nos modos de como as democracias enxergam seus adversários. É compreensível porque esses analistas são favoráveis à utilização desse modelo do ator racional em certo ponto. Em cenários locais e microanalíticas, o modelo pode ser eficaz em compreender certas tomadas de decisão que vão beneficiar o indivíduo a curto prazo, porém, no que tange às relações internacionais, aumenta-se o grau de complexidade de compreensão, uma vez que uma tomada de decisão peculiar possa moldar os rumos da ordem mundial. Os Estados, ao negociarem diante da geopolítica, compreendem a magnitude dessas decisões e relações políticas para milhões de civis. As escolhas dos líderes legítimos ou não podem remodelar os contornos do sistema político internacional, ao passo de dispor a sociedade geral ao caos das instabilidades relacionais. A lógica seria que lideranças ponderassem suas ações com base nesses princípios, os custos e benefícios.

No mundo onde a racionalidade é relativa para com a contextualização, ela encontra seus limites. Os cálculos de infinitas variáveis para a tomada de decisão política entre atores e cenas perdem forças ao toparem com cenários imprevisíveis de decisão e circunstâncias políticas, isto é, um soberano ou um partido que decida na exceção. A vida política de um país sempre inclui circunstâncias excepcionais e, em regimes governados pela imprudência ou em um estado de corrosão, legitima um governo ou governante capaz de operar acima da lei, adotando os métodos necessários para "salvar o Estado". Essa submissão ao Estado de exceção passa a ser um dos passos finais da corrosão da democracia representativa à tirania.

As pessoas possuem dificuldade em compreender as variáveis deterministas dessas circunstâncias, uma vez que não se trata de uma linha tênue entre abolição de direitos, violência e tiranias, mas que a concepção do ator racional pressupõe que exista critérios universais e objetivos que os soberanos e governantes utilizam para tomar uma decisão. Entretanto, esses critérios encaram a subjetividade dos indivíduos, principalmente de autocratas, que não ponderam os custos lógicos, mas, sim, o atendimento do próprio ego. Isto é, esses critérios são ineficazes para postergar uma resultante previsível e tal inocuidade deixa de perceber diferentes tomadas de decisão na política internacional.

Um exemplo sólido é no que se refere à crise dos mísseis em Cuba, em 1962. Os Estados Unidos não foram capazes de antecipar a decisão da União Soviética em instalar os armamentos nucleares em Cuba, por focarem apenas nos critérios econômicos que essa instalação causaria, além de desconsiderar as vantagens morais e psicológicas dos soviéticos. Logo, tratando-os como agentes racionais, os norte-americanos se depararam com a inteligência captando imagens dos mísseis na ilha cubana por desconsiderarem aquilo que molda o comportamento do Estado de Instinto: o ego. O silogismo situacional não fez com que os americanos se colocassem no lugar dos soviéticos.

Para entender melhor as perspectivas dos adversários, cientistas políticos estabeleceram novos modelos comportamentais mais abrangentes, que tendem a mensurar como diferentes países, a partir de um microvisão, percebem o mundo em uma macroanálise. Esses modelos mais modernos mostram como traços de personalidade e emoções afetam as decisões humanas de diversas maneiras. Autocontrole, a regulação acerca dos próprios instintos, entre outros, moldam os aspectos do consciente. Alguns indivíduos precisam reafirmar continuamente a postura de firmeza ao tomar uma decisão, por meio do atendimento das suas emoções, esta que, por sua vez, atua como filtro de atuação individual.

O racionalismo falha ao construir a idealização que pauta fundamentações individuais, que partem do próprio empírico. A adesão da realidade torna-se crucial ao analisar autocracias e indivíduos que compõem as instituições democráticas, sob o risco da corrosão.

CAPÍTULO XIX

DO SOLILÓQUIO DA MODERNIDADE

Ao longo da história da humanidade, em diversas culturas e em períodos variados, as questões relacionadas à raça e à etnia têm sido fonte contínua de conflitos. Essa dinâmica de desconfiança ainda influencia as relações internacionais em nossa época, o que levou à criação de organizações destinadas a garantir o equilíbrio nas relações diplomáticas. No entanto, mesmo com esses esforços, os conflitos ainda persistem em várias partes do mundo.

O ego humano possui suas raízes no instinto, na necessidade de reconhecimento externo e na autopreservação e é levado pela essência da natureza racional subjugar aqueles que não têm a capacidade de se expressar ou de questionar os diversos elementos do eco que compõem os progressos da raça. Em um mundo onde o processo racional é frequentemente abstrato e subjetivo, os seres humanos devem ancorar-se em verdades sólidas e submetê-las a avaliações constantes, como mencionado anteriormente. As abordagens abstratas da razão frequentemente conduzem a conflitos de interpretações do mundo, e, quando dispostas paralelamente com ignorâncias sinceras, a sociedade se dispõe das instabilidades políticos e sociais, sob risco das relações se corroerem em detrimento do ego (um aspecto prejudicial da natureza humana, para dizer o mínimo).

Aqueles que se autoproclamam virtuosos e conhecedores de diversidade cultural muitas vezes têm a tendência de subjugar a realidade imposta sobre a sociedade, que está disposta a ignorar certos temas em favorecimento individualista. Além disso, como é de natureza humana em função do ego, aqueles dispostos à elevação desse estado tendem a menosprezar as criaturas irracionais que compartilham ou são gerados neste mundo, deixando de reconhecê-las como parte de um ecossistema interconectado e enxergando-as apenas como elementos de uma cadeia alimentar, com o ser humano no topo dessa hierarquia e, no topo da hierarquia social, encontram-se aqueles maus ministros que buscam atender os benefícios de classe.

O princípio da terra nullius, frequentemente empregado para justificar a apropriação de terras por aqueles que assentavam em primeiro momento à localização disposta, desempenhou um papel significativo na história da América Latina, durante o período colonial, por exemplo. Uma análise crítica desse princípio revela uma narrativa complexa. Embora os povos nativos já ocupassem as terras da América Latina, eles foram subjugados por colonizadores que se autodenominavam detentores da suposta razão. Esses colonizadores, frequentemente motivados por ambições pessoais e egocentrismo, em busca das riquezas do Novo Mundo, não reconheciam os povos nativos como seres capazes de se autogovernarem, rotulando-os como primitivos e irracionais. Isso, por sua vez, serviu como justificativa para a subjugação dessas comunidades nativas das américas. Ao longo do desenvolvimento da civilização, esse aspecto humano dirigiu os povos a conflitos e cobiças, ao passo de as entidades internacionais assumirem postos realistas acerca das políticas mundiais.

Na tentativa de intermediar os conflitos e debates os quais hoje formam a Organização das Nações Unidas (ONU), uma entidade cujo preâmbulo busca em sua essência promover a paz entre as nações, enquanto seus membros são, na verdade, os governos dessas nações são exemplos dessas vicissitudes egocêntricas. Os governos, por muitas vezes, não estarão 100% alinhados com os interesses dos povos, trazendo à tona um regime representativo brando, no qual a cacofonia dos povos é calada pela orquestra dos interesses polifônicos dos governos perante a organização mundial. Os povos modernos ainda são subjugados por aqueles governantes ou ativistas políticos que assumem compreender os interesses dos individuais em função do coletivo. O erro dos antigos teóricos que costumavam considerar a sociedade como uma massa sórdida e homogênea que pensa de modo uniforme ainda permeia a ignorância dos governantes, que subjugam a sociedade às arbitragens dos interesses particulares.

As resoluções propostas pela ONU para abordar as crises contemporâneas que afligem nosso mundo oferecem diretrizes sobre como as nações podem trabalhar para mitigar esses problemas. No entanto, é importante lembrar que as cadeiras nas assembleias da ONU são ocupadas por governantes, indivíduos com conjuntos de ideais que estão em constante evolução, já que os governos mudam ao longo do tempo.

A menos que a sociedade se envolva de forma direta e ativa na formulação e implementação das políticas públicas, buscando a criação de um princípio policrático eficaz, corre o risco de ficar à mercê do ego de intelectuais com corações e mentes corrompidos. Nesse contexto, a participação direta da sociedade na resolução das crises locais torna-se crucial para evitar que a sociedade esteja condenada à extinção, devido às ambições egoístas daqueles que detêm o poder e influenciam as políticas governamentais.

A sociedade se organiza sob a égide de um contrato social, a fim de estabelecer os alicerces dos Estados. Esses Estados são fundamentados em regimes políticos individuais, nos quais o governo, encarregado do Estado, assume a responsabilidade pela sobrevivência do povo que o compõe. Os governos adotam diferentes estratégias econômicas e geopolíticas para administrar suas nações. Um governo que segue uma abordagem geopolítica mais autoritária, com uma economia controlada pelo Estado, pode ser classificado como autoritário, mas essa caracterização não necessariamente reflete o caráter agressivo ou submisso do povo sob seu domínio. Por outro lado, os governos que optam por uma abordagem geopolítica mais centrada na economia e valorizam a diplomacia demonstram um interesse em objetivos de longo prazo.

A priori, a busca pela liberdade econômica reflete o desejo por liberdades individuais, uma vez que a economia é vista como um reflexo das aspirações humanas, suas necessidades e demandas, bem como dos meios para alcançá-las. No entanto, abrir mão da intervenção do Estado na economia em momentos de crise seria equivalente a um vendedor de guarda-chuvas permitir que um indivíduo carente se molhasse por não ter recursos para adquirir um guarda-chuva. Em outras palavras, em períodos de crise, é essencial recorrer a políticas e estudos para mitigar as crises econômicas subjacentes, ao mesmo tempo em que se mantém o compromisso com uma sociedade livre. Uma economia livre é um reflexo de uma sociedade que preza a liberdade individual.

19.1 Satisfação e a astro-política

A renúncia por parte dos governos utilitários e populistas equivale à renúncia do Estado como provedor de "felicidade". É importante reconhecer que a busca pela felicidade é intrinsecamente subjetiva, variando de acordo com as percepções individuais. Nesse sentido, a plenitude da felicidade é uma meta inatingível, uma vez que está profundamente enraizada na subjetividade pessoal, bem como as razões que levam os humanos à satisfação e ao entendimento por tal. Uma política que abandone o racionalismo e assume uma postura mais realista faz-se necessária, quando trazemos à tona as efemeridades sociais e políticas do passado para o presente e o futuro da política. A astro-política moderna vem sendo tratada como as antigas políticas de exploração dos colonos para o Novo Mundo, acerca dos ostracismos e deliberações ao lidar com a militarização do espaço e uma governança dos céus.

À medida que as sociedades humanas expandiram geograficamente ao longo da história na Terra, muitas vezes fundamentadas em políticas de exploração de recursos em benefício de suas próprias nações, a astro-política encontra-se agora diante dos mesmos paradigmas que historicamente foram causas de conflitos e instabilidades sociais. Os conflitos relacionados a recursos e competição por território emergem inevitavelmente, uma vez que têm como base um pressuposto político comum que permeia as políticas governamentais terrenas: o ego humano.

Os exemplos de expansões imperialistas ocorridos em todo o mundo desde o século XVI até meados do século XX representaram a antípoda dos movimentos nacionalistas nos territórios colonizados em detrimento dos colonos. O despertar da consciência sobre a importância da soberania nacional, bem como a valorização dos aspectos intrínsecos à identidade de um povo dentro de suas fronteiras geográficas convergiram com os profundos sentimentos e ressentimentos experimentados pelos colonizados em relação aos colonizadores. No entanto, a falta de recursos econômicos e poder militar dessas nações subjugadas levou os movimentos anticoloniais a desenvolver resistência mais hediondo, valendo-se de abordagens que divergiam das práticas ortodoxas europeias, mas se assemelha às violentas tratativas dos colonizadores para com seus colonizados. A violência e os levantes populares nas comunidades subjugadas em resposta às ações das nações dominantes sinalizam o início de uma sociedade em desequilíbrio ético, no qual a aspiração dos oprimidos se transforma rapidamente na vontade de oprimir e esse choque de mentes traz a devassidão da guerra.

Ao analisar as implicações políticas e estratégias de exploração e expansão da humanidade para o cosmos, a astro-política muitas vezes negligencia as complexidades do ego humano, que anteriormente levaram à subjugação de povos nativos em busca de recursos. Embora não haja atualmente um dogma específico que sirva de base para essas missões espaciais, o ego, enraizado no instinto humano, continua a influenciar as decisões governamentais, estendendo conflitos e a busca por reconhecimento para além da atmosfera terrestre. A exploração do espaço efetivamente proporciona uma oportunidade pragmática e linear para que a humanidade se una em prol de metas compartilhadas, em lugar de perpetuar os conflitos e divisões frequentemente testemunhado na Terra.

A noção de que no vasto cosmos todos os indivíduos são igualmente humanos, independentemente de suas culturas, línguas e origens, destaca a relevância de uma abordagem global e colaborativa no que tange à exploração e à colonização do espaço. Nesse contexto, a cooperação internacional emerge como um alicerce para mitigar os conflitos no espaço e assegurar a prosperidade da humanidade como um todo.

Para além disso, a percepção de que a transferência dos conflitos terrestres para o espaço pode resultar em uma destruição terrena sem precedentes constitui um lembrete crucial da responsabilidade que pesa sobre a humanidade, quando se aventura na exploração do cosmos. É imperativo que aprendamos com as vicissitudes do pretérito e que a raça preze por progresso caracterizado por maior paz e prosperidade no âmbito espacial.

Para avançar e prosperar como espécie em um universo vasto e complexo, os seres humanos devem constantemente buscar o aprimoramento, expandindo seu conhecimento e a compreensão da realidade, tanto em sua dimensão física quanto metafísica. Isso se torna essencial para garantir a continuidade da humanidade diante da imensidão do cosmos. Ainda assim, enquanto persistirem os conflitos políticos e sociais que assolam nosso planeta, nossa capacidade de colonizar outros corpos desabitados, expandindo não apenas nosso conhecimento, mas também nossa compreensão da vida, bem como nosso progresso científico, a civilização permanecerá comprometida.

A raça tem o dever de reconhecer que, para alcançar essas metas ambiciosas, é necessário um esforço coletivo e internacional. Uma busca constante pelo entendimento e resolução de conflitos internos, a fim de que se capacitassem a explorar e compreender o vasto universo que rodeia a Terra e expandir para além. A humanidade ainda não conseguiu estabelecer um referencial global, um eixo que nos una como seres humanos e que identifique os elementos e razões compartilhados capazes de conduzir a soluções fraternas, em prol do bem coletivo e da exploração cósmica sucinta. Sem mais rótulos terrenos, a humanidade somente reconhecerá a própria essência quando disposta a algo que a coloque em dualismo identitário existencial.

CAPÍTULO XX

DA DILATAÇÃO TEMPO-SOCIAL

À medida que as políticas institucionais adiam deliberadamente a ampliação das liberdades políticas, relegando grande parte da sociedade a profundas diásporas sociais, marcadas pela fome, pobreza e desigualdade no acesso a direitos básicos, as gerações vindouras, que crescem em meio a essa desigualdade e ignorância das normas sociais, enfrentam uma crise temporal e social significativa.

A herança da inércia dos governantes anteriores, que negligenciaram a busca por soluções às contingências da época, lança a sociedade em um cenário de crises persistentes, somado a desvalorizar o pacto geracional, dispondo apenas dos sucessos de sua época. Em democracias representativas, as políticas de governo frequentemente dominam a agenda, uma vez que os governantes buscam a reeleição, enquanto as políticas de Estado, que deveriam ser orientadas para o bem comum a longo prazo, são relegadas ao segundo plano, adiando-se sua discussão até que as crises atuais atinjam proporções críticas. A morosidade do sistema de justiça em julgar e proferir sentenças relacionadas a questões contingentes aponta para uma disfunção no aspecto temporal e social, no qual os danos muitas vezes se tornam irreparáveis, deixando as partes envolvidas a se contentar com um "mero sentimento de justiça", que ecoa em todas as esferas da sociedade.

Essa abordagem acerca da dilatação se estende também ao domínio econômico, no qual nações que enfrentam um desenvolvimento mais lento, como muitas na África ou aquelas situadas na região equatorial, enfrentam décadas de retrocesso econômico e social. Isso ocorre em virtude da ausência de políticas públicas econômicas sólidas, comprometidas com o bem-estar de longo prazo das sociedades afetadas, prezando mais pelo utilitarismo dos governos e o afastamento das políticas de Estado. Essas fragilidades têm prejudicado significativamente os padrões de vida nessas regiões, impedindo a redução da pobreza e perpetuando as persistentes desigualdades.

As tensões sociais que deveriam ser atenuadas pelas instituições reguladoras da sociedade, responsáveis por moderar o contrato social, acabam por retardar os esforços de resolução e abrem espaço para debates enviesados que favorecem a própria classe dominante. A expansão da liberdade política não é apenas o cerne da democracia direta, mas também um indicativo da eficácia de um Estado proativo e comprometido com o bem-estar geral.

CAPÍTULO XXI

DA DISRUPÇÃO TECNOLÓGICA

A disrupção tecnológica transcende suas vantagens funcionais e aplicações práticas, estendendo-se às vantagens econômicas que oferece à sociedade. Essa perspectiva abrange uma análise das tecnologias que influenciam diretamente o consumo direto e indireto dessas inovações. Nos contextos econômicos, a redução de preços de produtos ou serviços envolve diversas variáveis, porém, em sua essência, essa redução tende a estimular um aumento no consumo.

Essa primazia mercadológica se manifesta também no âmbito tecnológico, uma vez que a popularização de uma tecnologia frequentemente está ligada à diminuição dos custos de sua produção. Essa disrupção se consolida quando o preço se torna acessível o suficiente para possibilitar que a sociedade adote e incorpore suas implicações no cotidiano. Do ponto de vista econômico, a internet e sua expansão exemplificam a diminuição de custos e as vantagens econômicas multifacetadas. A disseminação das redes de internet impulsiona três pilares que resultam em redução de custos e afetam o cotidiano da sociedade: pesquisa, distribuição e comunicação. Até poucos séculos atrás, um escritor se via compelido a financiar uma equipe de publicidade e propaganda para que sua obra fosse notada no mercado. Na era contemporânea, em poucos cliques, um autor pode ser descoberto e divulgado nas redes sociais. A comunicação facilitada e amplamente acessível por meio das redes representa um dos fundamentos do progresso tecnológico, unindo pessoas de diferentes partes do mundo, eliminando a necessidade de correspondências e despesas relacionadas. Nos mercados modernos, o aumento da acessibilidade e do consumo de bens na sociedade, bem como a redução das desigualdades econômicas decorrem do crescimento desses mercados. Esse crescimento econômico resulta de uma série de fatores, sendo a produção e a disseminação tecnológica da sociedade um deles, promovendo um crescimento substancial no mercado.

Concomitante, a disrupção tecnológica revela um algoz de uma realidade de soma-zero. Aqueles que anteriormente tinham garantidos seus empregos

A TEORIA DE TUDO SOCIAL: DEMOCRACIA LTDA

na produção de bens e serviços vinculados a tecnologias obsoletas enfrentam agora o risco de segregação setorial. Isso se deve ao declínio na demanda por tais serviços, uma vez que sua utilidade marginal não mais encontra respaldo.

O mercado, como reflexo quantitativo e estatístico das aspirações e essências humanas, bem como de suas demandas e objetivos de produção, está sujeito às mesmas oscilações observadas nas ciências sociais: imprevisibilidade e instabilidades de natureza fluida e complexa.

Concentrar o desenvolvimento das aptidões individuais exclusivamente em uma única vertente do mercado coloca a existência do indivíduo em uma lógica incerta e imprecisa.

As novas tecnologias desmistificam as particularidades da sociedade. Os computadores, por sua vez, estão alinhados com essa mesma retórica de transformação pragmática. Sua introdução no cenário tecnológico marcou a redução dos custos associados a cálculos aritméticos complexos até o final da segunda metade do século XX. Nesse período, a sociedade enfrentava desafios significativos em termos de custos, tanto financeiros quanto físicos, ao lidar com problemas intrincados. Em muitas ocasiões, esses avanços tecnológicos transcendiam as fronteiras da previsibilidade, indo além de suas capacidades iniciais.

As redes sociais digitais, por sua vez, são frequentemente consideradas uma promissora plataforma para promover uma participação representativa mais justa e efetiva na política institucional. No entanto, a realidade não é tão otimista, uma vez que as implicações modernas desse paradigma revelam um anacronismo resultante da fragilidade humana diante das estratégias empregadas pelo marketing digital. Os departamentos de estratégias digitais recorrem ao *neuromarketing* e ao marketing de relacionamento para explorar as fraquezas morais humanas, a fim de obter lucros para as empresas ou aumentar o eleitorado em direção a certas correntes políticas.

O aumento significativo no acesso à informação nem sempre se traduz em um maior controle individual sobre essas informações ou automaticamente resulta em um engajamento cívico mais amplo e significativo na política. Nesse contexto, as análises do cientista político Robert D. Putnam sobre o capital social tornam-se particularmente relevantes. Putnam pode não ter previsto a amplitude e o alcance que as redes digitais on-line e o avanço tecnológico conquistaram nas primeiras décadas do século XXI, nem como isso causaria uma espécie de diáspora virtual exacerbada pela polarização política e pelo aprimoramento das estratégias de marketing, que visam alcançar indivíduos não como um público genérico, mas como personas distintas.[47]

A princípio, a expansão da cooperação e a construção de redes eram fundamentais para o desenvolvimento econômico das nações mais avançadas. No entanto, o avanço tecnológico despertou tanto a criatividade humana quanto os piores aspectos daqueles moralmente corruptos ou propensos à aceitação da ignorância imposta. Por meio dessas vias, governantes ineficientes transformam as relações sociais digitais em ferramentas unilaterais para a promoção e venda de uma candidatura, em grande parte devido à facilidade de acesso aos financiamentos para impulsionamento. O alcance da publicidade política não é equivalente ao acesso à tecnologia, que, por sua vez, facilita o acesso à informação.

A disrupção tecnológica nas democracias representativas não alterou substancialmente a natureza dos processos políticos. O capital social, embora alinhe-se à consolidação tecnológica, está sujeito à erosão, devido à imposição da ignorância por parte daqueles que ocupam posições institucionais. No contexto do marketing, o capital social digital se consolida como uma forma tangível de capital, com perfis de personas tornando-se mais precisos e específicos para promover a venda de produtos ou ideias.

É importante notar que o bem material tende a ser menos corrosivo do que o bem intelectual. Isso ocorre porque, na presença da ignorância de governantes ineficazes e do conhecimento superficial dos rituais políticos e sociais, a promoção daquilo que o indivíduo percebe como inquestionável sufoca o debate de ideias divergentes, e vice-versa.

21.1 Esperar pelo melhor, preparar para o pior

> *"A guerra é a continuação da política por outros meios".*
>
> *(Carl Von Clausewitz)*

De fato, poucas foram as afirmações na teoria política e militar suscitaram tantos debates no campo das ciências sociais quanto as aspas, de Carl Von Clausewitz, renomado estrategista prussiano, em *Da Guerra*.[48]

---

[47] PUTNAM, Robert D. *Bowling Alone:* The Collapse and Revival of American Community. Simon & Schuster, 2020.

[48] CLAUSEWITZ, Carl Von. *Da Guerra*. São Paulo: WMF Martins Fontes, 2010.

A TEORIA DE TUDO SOCIAL: DEMOCRACIA LTDA

Essa concepção da guerra revela a política de comando exercida por governos dispostos a entrar em um estado de concorrência — semelhante aos processos estratégicos no campo econômico —, um cenário em que a engenhosidade humana e as características que os distinguem de outras espécies são submetidas a testes rigorosos. Infelizmente, esse teste coloca a vida dos civis na categoria de "danos colaterais", visto que apenas a vitória e a razão dos governantes, frequentemente fundamentadas em seus próprios egos, são consideradas prioritárias em prol da suposta segurança do Estado e da sociedade.

A guerra é, por essência, o conflito de vontades opostas em sua mais violenta forma. Nesse contexto, destacam-se as vontades divergentes de líderes soberanos, ideólogos e racionalistas, motivadas pela imposição da ignorância acerca das políticas sociais pela elite pública local.

Isso suscita uma reflexão: até que ponto essa lógica se estende para a sociedade civil em termos reais e nas esferas diplomáticas? As relações políticas, desde um nível micro até o internacional, são permeadas por um clima de receio e desconfiança. O medo de perder o controle assombra as relações bilaterais no mundo contemporâneo, onde a abnegação nas relações políticas é uma mera utopia promovida por ideólogos. A pretensão alheia e a falta de compreensão dos interesses mútuos criam um cenário de silêncio nas relações políticas, tanto em âmbito local como internacional, no qual o medo constante alimenta uma realidade inflamada, pavimentando o caminho para conflitos.

Os avanços tecnológicos na área militar são frequentemente vistos como ferramentas de preservação e precaução do próprio território, e não necessariamente como instrumentos de progresso para as nações ou para as relações sociais. Contrariamente no que tange às relações sociais, a constituição do reforço bélico passa a ser vista pelas comunidades internacionais como um princípio de ameaça ou temor.

Em países com sistemas de segurança pública ineficaz, é observado um reflexo desse medo. Isso se manifesta na busca por novos dispositivos de autopreservação, que vão desde o isolamento atrás de muros fortificados e equipes de segurança pessoal até o investimento em armamento individual. Tudo isso é feito para proteger a soberania sobre si e evitar qualquer ameaça que desafie essa autonomia.

A revolução tecnológica trouxe consigo não apenas avanços que destacam a engenhosidade humana, mas também um sentimento de medo que leva as pessoas a se refugiarem em suas "cavernas". Isso é notável, pois, milênios após a Idade dos Metais, ainda há uma tendência de se esconder por temor do que pode fugir ao controle, isto é, o conflito gerado pelos egos dos governantes. Em uma sociedade com sistemas políticos representativos que, muitas vezes, afastam-se das aspirações coletivas para atender aos interesses individuais, o controle institucional passa das mãos dos representados para as dos maus ministros, que direcionam o Estado em busca de seus próprios interesses e da autopreservação, tanto física quanto mental.

Nesse contexto, a moderação pode ser estabelecida, considerando a guerra não apenas como um confronto político entre dois Estados, mas também como um desentendimento que separa a humanidade entre si. Paradoxalmente, essa perspectiva reflete a visão de Clausewitz[49], que afirma que a guerra é a continuação da política por outros meios, em uma abordagem que transforma a guerra em uma forma violenta de unir as pessoas. Cidadãos afetados pelo conflito estendem sua solidariedade a ambas as partes em determinados momentos, testemunhando os abusos e as ofensivas dos regimes que os governam.

No entanto, raramente reconhecem o conflito como uma expressão de sua própria identidade. Por outro lado, os líderes e soberanos, antes vistos como indivíduos, tornam-se estadistas solidários com causas semelhantes, seja por compaixão pelas atrocidades da guerra ou por aspirações políticas indiretas. Embora possam afirmar repudiar a guerra, a subjetividade do medo frequentemente prescreve seu comportamento e eles veem outra oportunidade de preservar sua própria oligarquia.

---

[49] *Passim* CLAUSEWITZ, Carl Von. *Da Guerra.*

> **Toda equidade consiste somente na restrição da liberdade dos outros**
> **Immanuel Kant**

CONSIDERAÇÕES FINAIS

A obra *Democracia LTDA* emerge como um trabalho contemporâneo que se propõe a oferecer uma análise incisiva da realidade em diversos países, culturas e das peculiaridades do cotidiano dos indivíduos, no que concerne à política. Essa dimensão, frequentemente negligenciada, passa despercebida nas vidas muitas vezes desgastadas de sociedades que têm se submetido a abordagens governamentais utilitárias. O desinteresse da sociedade civil em relação às políticas governamentais frequentemente resulta em situações inesperadas, como a imposição de limites morais e físicos, enquanto as pessoas buscam meios de subsistência.

Não surpreende, portanto, que, em nações em desenvolvimento ou subdesenvolvidas, as comunidades sofram devido à negligência das autoridades em relação ao bem-estar da sociedade civil. Essa negligência resulta na alocação insuficiente de recursos para a manutenção e progresso da coletividade, comprometendo a qualidade da educação, saúde e segurança da população.

Não almejo um Estado excessivamente inflado ou minimamente reduzido; busco, antes, um Estado eficaz. Um Estado em que os agentes políticos sejam capazes de avaliar criteriosamente a administração pública, pautando suas decisões em dados concretos e evidências sólidas, em oposição à adoção de agendas populistas voltadas à conquista de votos e à busca da reeleição. Essas aspirações, bem como o progressismo da raça, quando desconsideradas, correm o risco de relegar a sociedade à margem, enquanto a classe política continua desfrutando de privilégios luxuosos.

É importante acreditar que a inteligência se manifesta de maneiras diversas. Embora haja inteligências visuais e musicais em todo o mundo, a verdadeira sabedoria reside na aplicação inteligente do conhecimento. Se nossos ministros não forem capazes de administrar de forma competente uma sociedade, um Estado ou uma nação, então, a responsabilidade pela gestão eficaz deve ser transferida diretamente para a sociedade civil, essa, sim, conhecedora das próprias demandas sociais. Certamente, essa percepção não é aplicável a todos os Estados, mas a busca por tais objetivos, ao mobilizar os meios adequados para permitir que a sociedade civil direcione seu próprio destino, ameaça a preservação do poder constante tão almejado por políticos ineficientes em governos em todo o mundo.

REFERÊNCIAS

AL-FARABI. *The Virtuous City*. Traduzido do original em Árabe "Kitab ara ahl al-madinat al fadila". [c. 940 ou 950] [s. n.].

ALTHUSIUS, johannes. *Politica Methodice Digesta*. Cambridge: Harvard University Press, 1932.

AMAR, Akhil Reed; ADAMS, Les. *The Bill of Rights Primer:* A Citizen's Guidebook to the American Bill of Rights. 1. ed. [*S. l.*]: Skyhorse Publishing, 2015.

ARISTÓTELES. *A Política*. Edição Bilingue. Coleção: Vega Universidade. Lisboa, Tradução de Antônio Campelo Amaral e Carlos Gomes. 1998.

BAUMAN, Zygmunt. *Medo líquido*. Rio de Janeiro: Jorge Zahar Editor, 2008. 229 p.

BENTHAM, Jeremy. *A Fragment on Government*. Edited with an Introduction by F.C. Montague. Oxford: The Clarendon Press, 1891.

BENTHAM, Jeremy. *O Panóptico*. Traduzido por Tomaz Tadeu. Autêntica, 2019.

BERLIN, Isaiah. *Two concepts of liberty*. England: Oxfor University press, 1969. p. 118-172.

BÓLIVAR, Simón. *Carta de Jamaica*. Comisión Presidencial para la Conmemoración del Bicentenario de la Carta de Jamaica. Caracas: Centro Nacional de Historia: Archivo General de la Nación, 2015. p. 9-31.

CLAUSEWITZ, Carl Von. *Da Guerra*. São Paulo: WMF Martins Fontes, 2010.

DEWEY, John. *Democracia e Educação*. Edição de Christiane Coutheux Trindade. Uberlândia: EDUFU, 2019.

FREUD, Sigmund. *Psicologia de Grupo e a Análise do Ego*. Leipzig, Viena e Zurique: Internationaler Psychoanalytischer Verlag, 1921. 140 p.

Globo Livros. *O Livro da Economia*. Tradução de Carlos S. Mendes Rosa. Globo Livros, 2017.

GROTIUS, Hugo. *De Jure Belli Ac Pacis Libri Tres*. Tradução de Francis Willey Kelsey. The Clarenden Press, 1925. Coleção: Universallibrary.

HEGEL, Georg Wilhelm Friedrich. *Fenomenologia do Espírito.* Petrópolis: Editora Vozes, 1994. 271 p.

HERDER, Johann Gottfried. *Ensaio sobre a origem da linguagem.* Lisboa: Antígona, 1987.

HOBBES, Thomas. *Leviatã. Coleção:* Os Pensadores. São Paulo: Abril, 1974. 423 p.

KANT, Immanuel *Crítica da razão e outros textos filosóficos.* São Paulo: Abril, 1974. 397 p.

KANTOR, Jodi. *Ela Disse:* Os bastidores da reportagem que impulsionou o #MeTo. Tradução de Débora Landsberg. São Paulo: Companhia das Letras, 2019.

KANTOROWICZ, Ernst Hartwig *The King's Two Bodies:* A Study in Mediaeval Political *Theology.* Princeton: N.J., 1957.

KELLY, Paul *et al.* (ed.). *O Livro da Política.* Tradução de Rafael Longo. 2. ed. São Paulo: Editora Globo, 2017. 352 p.

LOCKE, John. *Segundo tratado sobre o governo.* Coleção: Pensadores. São Paulo: Abril, 1973. 350 p.

MAQUIAVEL, Nicolau. *O Príncipe.* São Paulo: Camelot Editora, 2022. 93 p.

MARX, Karl. O *Capital:* Crítica da economia política. Livro Primeiro: O Processo de Produção do Capital, em 2 volumes. Tradução de Reginaldo Sant'Anna. São Paulo: Difel Editorial, 1984.

MARX, Karl; ENGELS, Friedrich. *O Manifesto Comunista.* Tradução de Maria Lucia Como. São Paulo: Paz & Terra, 2008. 68 p.

MILL, John Stuart. *Da Liberdade.* Tradução de E. Jacy Monteiro. Brasil: Ibrasa, 1963. 130 p.

MILL, John Stuart. *Utilitarismo.* Tradução de Mathias de Azevedo Bueno. Ítaca. Porto Alegre. 25 out. 2023. Edição Kindle.

MONTESQUIEU. *O Espírito das leis.* Coleção: Pensadores. São Paulo: Abril, 1973. 569p.

MUSSOLINI, Benito; GENTILE, Giovanni. *A Doutrina do Fascismo.* 1. ed. [*S. l.*]: Vallecchi, 1933. Disponível em: https://archive.org/download/1932-a-doutrina-do--fascismo/1932%20-%20A%20Doutrina%20do%20Fascismo.pdf.

NOZICK, Robert. *Anarquia, Estado e Utopia.* São Paulo: WMF Martins Fontes, 2011. 476 p.

PAINE, Thomas. *Senso Comum*. Convivivm, Santa Catarina, 2018. 75p.

PLATÃO. *A República*. Tradução de Ciro Mioranza. São Paulo: Lafonte, 2020. 244p.

POPPER, Karl. *A Sociedade Aberta e Seus Inimigos*. Tradução de Miguel Freitas Costa. Revisão de Pedro Bernardo. Prefácio de João Carlos Espada. Lisboa: Edições 70, 2012.

Putnam, Robert D. *Bowling alone: The collapse and revival of American community*. Touchstone Books/Simon & Schuster, 2000.

RAWLS, John. *Justiça como equidade:* uma reformulação. São Paulo: Martins Fontes, 2003.

RAWLS, John. *Uma Teoria da Justiça*. São Paulo: Martins Fontes, 2000. 703 p.

ROUSSEAU, J. *Do Contrato Social:* Ensaio sobre a origem das línguas. Porto Alegre: 1973. 440p.

SKINNER, B. F. *The Behavior of Organisms*: An Experimental Analysis. 1. ed. [*S. l.*]: Appleton-Century, 1938.

THOREAU, Henry David. *Civil Disobedience*. Edição de Derek Miller. New York: Cavendish Square Publishing, LLC, 2017. 112 p.

YAT-SEN, Sun. *Três Princípios do Povo*. Brooklyn, NY. Ams Press Inc, 2023.